Confía en Dios para escribir tu *historia*

Libros de Nancy DeMoss Wolgemuth publicados por Portavoz

Adornadas: Viviendo juntas la belleza del evangelio

La apariencia

Atrévete a ser una mujer conforme al plan de Dios (editora general)

Biblia devocional Mujer Verdadera (editora general)

Confía en Dios para escribir tu historia (coautora)

En busca de Dios

En la quietud de su presencia

Escogidos para Él: El don, las bendiciones y los retos de estar soltero

Escoja perdonar

La gratitud y el perdón

La libertad del perdón

El lugar apacible

Mentiras que las jóvenes creen (coautora)

Mentiras que las jóvenes creen, Guía de estudio (coautora)

Mentiras que las mujeres creen

Mentiras que las jóvenes creen, Guía de estudio

Mujer Verdadera 101: Diseño Divino (coautora)

Mujer Verdadera 201: Diseño Interior (coautora)

Quebrantamiento: El corazón avivado por Dios

Rendición: El corazón en paz con Dios

Santidad: El corazón purificado por Dios

Sea agradecido

Libros de Robert Wolgemuth publicados por Portavoz

Como el Buen Pastor

Confía en Dios para escribir tu historia (coautor)

El lugar más importante de la tierra

Mentiras que los hombres creen

Mi hija me llama papi

Confía en Dios para escribir tu *historia*

Descubre los misterios de la providencia de Dios

NANCY DeMOSS WOLGEMUTH & ROBERT D. WOLGEMUTH

EDITORIAL
PORTAVOZ

This book was first published in the United States by Moody Publishers, 820 N. LaSalle Blvd., Chicago, IL 60610 with the title *You Can Trust God to Write Your Story*, copyright ©2019 by Nancy DeMoss Wolgemuth & Robert Wolgemuth. Translated by permission. All rights reserved.

Este libro fue publicado originalmente en los Estados Unidos por Moody Publishers, 820 N. LaSalle Blvd., Chicago, IL 60610 con el título *You Can Trust God to Write Your Story*, copyright ©2019 por Nancy DeMoss Wolgemuth y Robert Wolgemuth. Traducido con permiso. Todos los derechos reservados.

Edición en castellano: *Confía en Dios para escribir tu historia* © 2020 por Editorial Portavoz, filial de Kregel Inc., Grand Rapids, Michigan 49505. Todos los derechos reservados.

Traducción: Ricardo Acosta

EDITORIAL PORTAVOZ
2450 Oak Industrial Drive NE
Grand Rapids, Michigan 49505 USA
Visítenos en: www.portavoz.com

ISBN 978-0-8254-5929-0 (rústica)
ISBN 978-0-8254-6841-4 (Kindle)
ISBN 978-0-8254-7675-4 (epub)

1 2 3 4 5 edición / año 29 28 27 26 25 24 23 22 21 20

Impreso en los Estados Unidos de América
Printed in the United States of America

$\mathcal{A}$l doctor William (Bill) Hogan, querido pastor de Nancy, bajo cuya predicación se educó durante su infancia y adolescencia. A través de su ministerio de la Palabra, Nancy llegó a apreciar y confiar en la soberanía de Dios como un regalo bueno y precioso. Bill no pudo haber imaginado cómo la influencia, tanto suya como de su querida esposa Jane, en la vida de esta joven un día habría de convertirse en uno de los mejores regalos de Dios para mí.

Robert

$\mathcal{E}$n la agradable providencia de Dios, más de cuarenta años después, la existencia de Bill se entrelazó aún más en la historia que Dios estaba escribiendo en la vida de Robert y en la mía al oficiar nuestra boda. Mientras ese día pasaba la página hacia un nuevo capítulo en nuestra historia, este siervo fiel, con sus ochenta años, nos recordó:

¿Quién va delante de ustedes?
¡El Rey de gloria!

Esta sigue siendo nuestra confianza mientras esperamos atentos con expectativa todo lo que nuestro Rey tiene reservado para sus seguidores en los días y las épocas venideras.

Nancy

En tu libro estaban escritas todas aquellas
cosas que fueron luego formadas.
SALMOS 139:16

Contenido

Antes de empezar...

*D*urante un viaje reciente a Maryland conduje más allá de nuestra granja familiar para visitar el campus del Western Maryland College. Quería deambular por las instalaciones y los patios de esta antigua universidad metodista a la que originalmente había planificado asistir. ¿Habría cambiado mucho desde 1967, cuando yo habría estado en primer año? Al hacer rodar mi silla de ruedas por las edificaciones, seguí pensando: *Cuán diferente habría sido mi vida si me hubiera graduado aquí.* Mi anhelo era convertirme en fisioterapeuta, pero ¿quién sabe? Tal vez habría cambiado mi especialización, habría dejado el instituto para casarme o incluso habría abandonado mi incipiente fe cristiana.

Lo único que sé es que Jesús tenía un diseño mucho mejor para mi vida. Me detuve en una colina desde donde se veía el campo de atletismo y sonreí. Sí, entré a fisioterapia... ¡pero como tetrapléjica por un accidente solo semanas antes de recibir mi orientación universitaria! *Nunca, nunca imaginé que vendría a esta institución como visitante en silla de ruedas.*

Y una visitante muy satisfecha. No sentí indicios de arrepentimiento o remordimiento. Ni una sola vez envidié a las chicas en el campo de atletismo que practicaban lacrosse. Para ser sincera, no veía la hora de volver a la furgoneta y continuar el viaje hacia nuestro retiro familiar de Joni y Amigos justo al norte en las montañas de Pennsylvania.

Dios ha dejado muy claro el diseño para mi vida: en los últimos cuarenta años he dirigido un ministerio cristiano que alcanza para Cristo a centenares de miles de personas discapacitadas y a sus familias en los Estados Unidos y todo el mundo. Realizamos retiros para familias con necesidades especiales en todo el planeta y entregamos miles de sillas de ruedas en el extranjero para niños discapacitados. ¿Brindar esperanza y ayuda a personas atormentadas? No se me ocurre pensar en una historia más feliz que Dios pudiera haber escrito para mi vida.

Y el Señor está empeñado en escribir historias satisfactorias en todas nuestras vidas. Encontrarás eso en este extraordinario libro *Confía en Dios para escribir tu historia*. Él puede diseñar que algunos capítulos en nuestras vidas sean largos y agradables; otros demasiado cortos y, a veces, dolorosos. Pero solo vemos el significado de nuestra historia cuando esta calza en el contexto de una historia más grande y fabulosa de Jesucristo mismo. Los mejores capítulos de mi vida no fueron los días fáciles y alegres en que me paraba sobre los pies, sino los profundos en que sufría y buscaba a tientas los brazos de mi Salvador.

> Los mejores capítulos de mi vida no fueron los días fáciles y alegres en que me paraba sobre los pies, sino los profundos en que sufría y buscaba a tientas los brazos de mi Salvador.

Los autores de este libro, Robert Wolgemuth y su esposa Nancy, podrían decir lo mismo. Los conocí décadas atrás cuando Nancy Leigh DeMoss era soltera y se enfocaba en su ministerio internacional de enseñanza. Robert era un ejecutivo de Word Publishing, felizmente casado y padre de dos hijas. Sus historias parecían fáciles de leer y casi previsibles. Cualquiera podría imaginar fácilmente cómo Dios iría a escribir los capítulos futuros de estas dos personas. Pero entonces, los misterios de la providencia divina entraron en juego, forzándolos a tomar direcciones desconocidas y nuevas. Al igual que la mía, las historias de Robert y Nancy resultaron *muy* diferentes de lo originalmente planificado. ¡Pero esa es la parte gloriosa de los misteriosos caminos de Dios!

Por tanto, es sabio dejar nuestra historia al mejor Narrador de todos. Si Dios parece estar escribiendo una historia extraña en tu vida, no te resistas a lo que traza en las páginas de tus días. No te opongas a los golpes y moretones que Él escribe en tu guion. Seré la primera en confesar que en ocasiones su providencia puede interpretarse como una novela de misterio, pero, al final, la historia de Dios para quienes confían en Él *siempre* es sabia, específica y buena. Es buena para ti y para otras personas. Lo mejor de todo es que es buena para el reino.

Tienes en tus manos un libro extraordinario, cuyo título lo dice todo: *Confía en Dios para escribir tu historia*. Porque si eres seguidor de Jesús, cada día de tu vida (sea que lo sientas o no) está sopesado con propósito celestial, con significado eterno y con un destino real lleno de gozo y contentamiento. Prepárate para dejar que mis queridos amigos Robert y Nancy te ayuden a aceptar los misterios de la providencia divina, porque, cuando se trata de finales felices, no puedes encontrar un mejor escritor que el Dios de la Biblia.

Los finales felices son su fuerte… pasa la página, confía en Él y descúbrelo por ti mismo.

Joni Eareckson Tada
Joni and Friends International Disability Center

Érase una vez

¿Qué hace grandiosa una historia?

Las personas buscan historias que realmente
signifiquen algo, historias que sean redentoras,
inspiradoras y más grandes que un individuo.

Scott Harrison

¿A quién no le gusta una buena historia?

Cuando mis hijas (de Robert) eran pequeñas, a veces las llevaba conmigo el sábado por la mañana a recoger algo de la ferretería. Durante el trayecto, a menudo decían: "Papi, cuéntanos una historia". Sus favoritas eran las de ellas siendo muy pequeñas y las de mi propia niñez.

Desde luego, las historias no son solo para niños. Cualquiera que sea nuestra edad, nos encanta quedar cautivos por un buen relato, ya sea contado personalmente, en un buen libro o en una pantalla. Las buenas historias nos entretienen; nos enseñan; cautivan nuestra imaginación y creatividad.

También nos vinculan con Dios, el narrador original y autor final de nuestras historias individuales de vida.

Este es un libro lleno de historias. Todas son ciertas, aunque en algunos casos hemos cambiado nombres y detalles para proteger la privacidad de las personas. Leerás:

- partes de nuestras propias historias, algunas de nuestra niñez y otras más recientes;

- escenas selectas de las vidas de algunos de nuestros amigos que representan varios retos y etapas;

- ciertas historias de personas que vivieron hace mucho tiempo y que hoy día siguen inspirándonos;

- varios relatos de personajes hallados en la Biblia, apartados como "interludios" a lo largo de este libro. Estos son hombres y mujeres reales cuyas vidas, tal como la tuya y las nuestras, incluyeron vicisitudes inesperadas y a veces incluso trastornos.

Este es también un libro *sobre* historias. Más específicamente, acerca de la historia global, eterna y a menudo invisible que Dios está escribiendo en este mundo quebrantado y caído. Exploraremos lo que su historia tiene que ver con nuestros relatos individuales y con el modo en que se entrecruza con nuestros interrogantes y sufrimientos no respondidos.

Antes de sumergirnos en todo eso, tomemos un momento para practicar lo que hace que una historia sea fabulosa. (Robert: esto me lleva de vuelta a mi clase de inglés de primer año con la señorita Kilmer). Sin duda, se trata más de arte que de ciencia. Pero, detrás de la belleza y el drama de un relato convincente, hay algunos ingredientes esenciales que, al igual que ladrillos ocultos en una pared, son los que hacen que la narración sea comprensible y auténtica.

Comencemos con quienes participan en la historia...

Los personajes

El protagonista

Todo buen relato tiene un protagonista, un personaje que emprende un viaje que, de alguna manera, lo transforma. En casi toda historia, el protagonista es también el personaje principal, aquel en quien nos enfocamos desde el principio. Y en la mayoría de narraciones, el protagonista es también el héroe, quien termina siendo el salvador. Piensa en el policía canadiense, de mandíbula cuadrada y con su uniforme escarlata, rescatando a la damisela en apuros o a la valiente enfermera en el campo de batalla, esquivando morteros y balas y arriesgando la vida para salvar soldados heridos.

Cuando yo era niño, la televisión de los fines de semana incluía héroes como el Súper Ratón y Lassie. Si este fuera un audiolibro, probablemente cantaría: "'Aquí estoy para ayudar'. Súper Ratón vendrá para triunfar" o silbaría el tema musical de Lassie. Estos fueron héroes que cautivaron mi imaginación de niño. (Si eres demasiado joven para recordarlos, ¡puedes encontrarlos en YouTube!).

El antagonista

Al reverso de la moneda está el tipo malo, que es quien hace que la audiencia abuchee cuando su imagen asoma en la pantalla… o cuando su nombre aparece en la página. Es el individuo que oscurece la historia. Hace la vida miserable al tipo bueno o a quienes le importan a este… o incluso les amenaza la vida.

A todos les encanta odiar a este sujeto.

Otros personajes

La mayoría de narraciones contienen más de dos personas, por supuesto, por lo que también tendrás diferentes personajes que representan varios papeles. Pueden proporcionar ayuda (un compinche), motivación (un interés amoroso) para el protagonista, o sabiduría para guiarlo a lo largo del camino. Pueden contribuir a complicaciones

17

o giros en la trama, y en algunos casos actúan como testigos o narradores de lo que sucede.

Luego, más allá de las personas, está…

LA TRAMA

Una acción incitante

Tenemos los actores. Ahora necesitamos un suceso, una circunstancia, un reto o una tragedia que ponga en acción a los personajes. Podría tratarse de un desastre natural o algo causado por otras personas… quizás un antagonista. El lector pregunta: "¿Qué irán a hacer ahora?".

Una historia bien concebida capta nuestra atención desde el principio, dándonos una razón para preocuparnos por las personas que acabamos de conocer. Ahora algo sale mal, lo cual crea…

Conflicto

Aquí es donde "la trama se complica". En la narración empieza una lucha de alguna clase, surge tensión entre el protagonista y el antagonista, y esto es lo que la hace fascinante. Avance rápido de las páginas. Es lo que nos mantiene alerta. Mientras más intensa la tensión, menos probable será que nos distraigamos o nos quedemos dormidos.

Y entonces todo esto se une para que haya algún tipo de…

Punto culminante y resolución

Este es el momento en el relato donde el conflicto llega a un punto crítico y se toma una decisión. El héroe conquista. El villano tropieza y cae. Hacia esto se ha forjado la aventura desde el principio. El espectador, lector u oyente está satisfecho con el desenlace, y solo queda concluir algunos detalles y preguntas sin resolver.

Ahora bien, esto puede que no suceda rápidamente. Es más, una buena cantidad de experiencias puede seguir al punto culminante. Pero, una vez que lleguemos a este momento, la resolución es solo cuestión de tiempo.

Por supuesto, no todo relato es tan sencillo y directo como acabamos de describir. Es más, mientras más grande es la historia, más complicada probablemente será. A veces el protagonista y el héroe o la heroína serán personajes diferentes. Los héroes pueden tener defectos, y los villanos pueden estar equivocados o confundidos en lugar de ser malos. Los personajes secundarios pueden tener sus propias tramas secundarias para añadir interés o argumento a la historia principal. La acción puede tomar giros y vueltas impredecibles. Pero todo esto suele hacer la historia aún más fascinante.

Alex y Stephen Kendrick pasaban su tiempo buscando y contando grandes historias. Puede que hayas visto algunas de las películas que estos hermanos han producido: *Desafío a los gigantes, A prueba de fuego, Reto de valientes, Cuarto de guerra*. Las hemos visto todas y hemos derramado más de unas cuantas lágrimas en el proceso.

En una conversación acerca de lo que hace convincente una historia, Stephen señaló que, si alguien habla acerca de un hombre que, digamos, se levanta, desayuna, va a trabajar, vuelve a casa, cena y se acuesta, todo el mundo dice: "¡Eso es aburrido!". A nadie le gusta una historia aburrida, pues queremos que tenga intriga, acción, conflicto, vicisitudes y problemas por resolver.

> Las situaciones que nos parecen confusas y caóticas son realmente hilos de una trama que Dios está entretejiendo para crear una historia, una hermosa y convincente obra de arte.

Sin embargo, cuando se trata de nuestras vidas, solemos pensar de modo diferente. Esa historia "aburrida", ordenada y sin complicaciones (sin líos) es la manera en que la mayoría de nosotros queremos vivir.

Queremos que nuestra historia y las historias de quienes amamos tengan finales previsibles y distintivos, en que todo termina convenientemente en noventa minutos, las personas buenas se enamoran y viven felices para siempre y las personas malas se alejan y nunca se vuelve a oír de ellas. Por eso, cuando suceden acontecimientos inesperados y no deseados en nuestra historia personal de vida (cuando recibimos ese informe médico preocupante, abrimos la notificación de despido, perdemos el bebé o nos enteramos de que un amigo ha estado chismeando a nuestras espaldas) podríamos sentirnos desilusionados, traicionados o incluso devastados.

No obstante, Dios rara vez escribe historias nítidas, ordenadas y pulidas (monótonas). En realidad, muchos de los relatos que encontramos en las Escrituras son bastante complicados. La Biblia cautiva nuestros corazones, nos cambia la vida y hace avanzar el reino de Dios con historias como la de José siendo falsamente acusado y encarcelado por rechazar las insinuaciones de la esposa del jefe ... o la de Daniel siendo lanzado a un foso de leones por resistir el edicto del rey que prohibía orar.

> Tu vida y tu historia realmente importan. Tienen significado al verlas en el contexto de la historia definitiva de Dios.

Esto no es menos cierto en nuestras vidas. Las situaciones que nos parecen confusas y caóticas son realmente hilos de una trama que Dios está entretejiendo para crear una historia, una hermosa y convincente obra de arte. Incidentes y hechos que ahora no tienen ningún sentido, un día lo tendrán (si no en esta vida, entonces en el cielo) a medida que vemos la obra maestra que Él tenía en mente desde el principio.

Las historias que se encuentran en este libro tienen protagonistas, antagonistas, acciones y conflictos. Algunas tienen resolución, otras todavía no. Pero ninguna de ellas ha terminado. Dios aún está escribiendo su historia en nosotros y a través de cada uno de nosotros.

Nuestra esperanza es que, a medida que leas estos relatos, te sientas animado e inspirado a confiarle *tu* historia. Pero hay algo más que es importante tener en cuenta: *cada una de las narraciones en este libro es parte de un relato más grandioso y espléndido que Dios está escribiendo.*

Y eso también se aplica a tu historia.

Debería consolarte y animarte saber que tu vida no es solo un puntito que flota en un océano de tiempo, perdido entre los miles de millones de otras personas que han vivido. Tu vida y tu historia realmente importan. Tienen significado al verlas en el contexto de la historia definitiva de Dios.

Esa gran historia no se parece a ninguna otra alguna vez escrita.

"En el principio [érase una vez, es decir, hace mucho tiempo; en realidad, antes que existiera algo como tiempo o cualquier otra cosa, si vamos al caso] … Dios" (Génesis 1:1).

Esta historia empieza con Dios en el centro del escenario.

Solo Dios. Aparte de Él, nada. Oscuridad total. Esto no es tan solo un paseo por el campo en una noche sin luna, sino un vacío mortal.

Entonces se escucha una voz. La voz de Dios. Y durante seis días consecutivos esta voz hace que todo exista. Se forman montañas y montículos. Estrellas y arena. Leviatanes y lagartijas. Esta semana de creación (en que nada se convierte en todo) concluye con la formación de un hombre y una mujer.

La historia de Dios continúa en un jardín.[1] Belleza perfecta e inmaculada. Hecha para la pareja que había creado con el fin de que disfrutaran placer y relación perpetuos con Dios mismo.

¿El Protagonista? El Señor mismo. Él es el Personaje principal, el Autor, el Héroe. Esta historia es de Él, acerca de Él y para Él. Entonces, entró la serpiente, el antagonista de todos los antagonistas. El villano de villanos. Su misión era destruir lo que Dios había creado, aplastar la belleza perfecta del huerto (llamado Edén) y de sus residentes. Y el antagonista triunfó en su esfuerzo, causando estragos no solo en el huerto y en esa primera pareja, sino en todo el planeta y todo ser humano (menos Uno) que alguna vez caminaría sobre la tierra.

Esa es la acción incitadora. Y al instante viene el conflicto. Los celos entre los dos primeros hijos nacidos de los primeros padres resultan en el primer homicidio de la historia. Un hermano mata al otro y, después, al igual que su padre, intenta ocultar su pecado al Creador.

Durante los miles de años que siguen se desarrollan historias más pequeñas dentro de la gran narrativa. Encontramos campeones y delincuentes. Celebridades y perdedores. Medallistas y sinvergüenzas.

Entonces el Protagonista entra una vez más en escena. El Dios invisible que llena el cielo y la tierra se hace visible y es cargado en brazos de una madre. El Creador todopoderoso de toda carne vino en un cuerpo frágil. Nos nace un Salvador: el segundo Adán. Y, con ese nacimiento, la gran historia de Dios avanza hacia un punto culminante. Esta tierra encadenada y que gime está a punto de ser liberada de la esclavitud. La historia (pasada, presente y futura) está a punto de reescribirse.

Por supuesto, hay mucho más en la trama. Todavía vivimos en la prolongada resolución de la gran historia de Dios, mientras los hilos del relato se unen y toda la historia se mueve hacia el final satisfactorio: ese Día en que todas las cosas serán hechas de nuevo.

Ninguna historia jamás contada se compara con la gran historia de Dios. Ninguna otra es tan convincente, transformadora o esperanzadora.

Y tanto tu historia como la nuestra son parte de esa historia.

CAPÍTULO 1

De aves, flores y tú

Vivir bajo la providencia

¡Cuán indescriptiblemente precioso y agradable es que podamos
creer que Dios nuestro Padre celestial dirige totalmente las
circunstancias más imperceptibles de nuestra corta estadía en
este mundo alocado! Que nada, por trivial que parezca, tiene
lugar, sea que se relacione con el cuerpo o el alma, sino que
está bajo su control; es más, ¡está ordenado por Él mismo!

MARY WINSLOW

Hace poco nos invitaron a una cena de trabajo en un lujoso
restaurante en el centro de Grand Rapids, Michigan.

Al llegar, dimos al jefe de comedor el nombre de nuestro grupo.
De inmediato nos llevaron a un salón privado, donde nuestro mesero
nos saludó cálidamente. Una vez sentados, nos entregó a cada uno un
menú empastado en cuero con el nombre del restaurante grabado en
la portada. Elegante.

Entonces, al abrir los menús, nos sorprendió encontrar lo último
en tecnología de pantalla táctil. Fabuloso.

Hicimos nuestros pedidos y luego nos pusimos a conversar cómo-
damente y sin interrupción. Justo en el momento oportuno, nuestro
mesero regresó primero con nuestros aperitivos y poco más tarde con
las ensaladas. Pero, cuando regresó la próxima vez, lo acompañaban

tres meseros más, con nuestros platos principales. Esta era la primera vez que veíamos a estos otros tres, pero ellos parecían saber con exactitud lo que cada uno había pedido. Esto fue especialmente impresionante porque los platos que sostenían estaban cubiertos con brillantes campanas cromadas.

Los cuatro meseros pusieron nuestras cenas frente a cada uno de nosotros y se miraron entre sí esperando una señal. Entonces, justo en el mismo instante, levantaron las tapas plateadas … seguido por un coro de exclamaciones de admiración. Los platos principales delante de nosotros tras la gran revelación eran exactamente lo que habíamos pedido cada uno.

Muy bien hecho.

Cuando de la vida real se trata, el problema es que lo que hay en nuestros platos debajo de esas campanas cromadas es a menudo algo que *no* pedimos y que tal vez ni siquiera queremos. Y puesto que la selección de los platos de otros es claramente visible, podemos sentirnos tentados a comparar los nuestros con los de ellos.

"Eso no es justo —podemos protestar—. Esto no es lo que yo quería. ¿Por qué no me dieron esa cena en lugar de esta?".

Para empeorar las cosas, es posible que ni siquiera hayamos tenido la oportunidad de "pedir".

Lo que preferiríamos sería elegir lo que nos parece bien, nuestras esperanzas y sueños de una vida mejor ahora, y hacer luego que el mesero regrese, levante la tapa plateada y, ¡listo!, exactamente lo que deseábamos. Y en ocasiones ese puede ser el caso. Pero a veces no es así. A menudo no lo es. La soberanía divinamente asignada de Dios suele ser una sorpresa para nosotros los mortales.

Entonces, ¿por qué debemos confiar en un Dios que no nos da lo que queremos? Es más, ¿por qué un Dios bueno y amoroso nos sirve porciones tan poco apetitosas?

Si me permite escoger entre un cáncer y un poni, me quedo con el poni.

Este libro trata acerca de confiar en Dios para escribir tu historia. Pero, como hemos dicho, en realidad es sobre la historia de Dios. Sus caminos. Su cuidado vigilante sobre la creación. Su providencia.

Providencia no es una palabra que se escuche mucho en conversaciones cotidianas. Es más, una búsqueda en libros de Google muestra que el uso de este vocablo impreso ha disminuido constantemente desde 1800. Pero tanto la palabra como el concepto son sumamente importantes.

El diccionario Noah Webster de 1828 nos da una idea de esta verdad fundamental que debemos aprender a amar y apoyarnos en ella:

> Visión anticipada, cuidado oportuno; en particular, previsión activa… acompañada de la obtención de lo que es necesario para uso futuro…. En teología, cuidado y superintendencia que Dios ejerce sobre sus criaturas.[1]

Dentro de esta palabra de cuatro sílabas está la más corta, *proveer*, combinación del latín *videre*, que significa "ver" (piensa en "video"), con el prefijo *pro*, que significa "antes". *Pro-video*, "ver antes"; esa es la esencia de la providencia divina.

Dios va delante de nosotros. Él ve y sabe todo antes que suceda. Y hace provisión para cualquier cosa que necesitemos en ese tiempo.

Detente y piensa en eso por un momento. Imagina la paz, el consuelo y la esperanza que tendríamos si creyéramos realmente que Dios conoce y ve todo lo que hay delante de nosotros, *antes* que suceda, ¡y que ya ha proporcionado todo lo que necesitaremos cuando lleguemos allí! Qué libertad nos daría del miedo, la ansiedad y el pavor.

Por eso es que yo (Nancy) suelo decir: "¡Me encanta vivir bajo su providencia!". Qué fabuloso regalo es este para nosotros.

Si pudiéramos sentarnos con Jesús y conversar sobre la providencia, Él la explicaría con una simple imagen expresada en palabras, como hizo en una colina de Galilea hace mucho tiempo:

> Mirad las aves del cielo, que no siembran, ni siegan, ni recogen en graneros; y vuestro Padre celestial las alimenta. ¿No valéis vosotros mucho más que ellas?... Considerad los lirios del campo, cómo crecen: no trabajan ni hilan; pero os digo, que ni aun Salomón con toda su gloria se vistió así como uno de ellos (Mateo 6:26-29).

Aves. Flores silvestres. Seres humanos. Dios, en su providencia, sustenta, viste y cuida de toda su creación.

Nuestra casa en el suroeste de Michigan nos brinda un asiento en primera fila para una increíble variedad de vida silvestre. Al haber vivido aquí durante casi cuatro años antes de la publicación de este libro, yo (Robert) me he convertido en un observador de aves. Hay miles de ellas en nuestro vecindario, desde diminutos jilgueros amarillos hasta enormes halcones, garzas y águilas calvas. Me deleito al observar estas asombrosas criaturas justo fuera de mi ventana. Y temprano en la mañana, inclusive en pleno invierno, me verás caminando por la nieve profunda para rellenar los comederos de aves, solo para asegurarme de que nuestros pequeños amigos emplumados desayunen.

No obstante, ¿y si yo no hiciera esto? ¿Se morirían de hambre las aves? ¿Y quién las alimentaría si yo no lo hiciera? ¿Quién las cuida cuando estoy fuera de la ciudad?

La realidad es que ninguna de estas criaturas aladas me necesita para sobrevivir.

Es verdad. Nuestro Dios bueno, sabio y soberano cuida y satisface las necesidades de sus criaturas más pequeñas. Todos los días. Eso no significa que no tengan problemas o que nunca se lastimen. Pero Jesús nos aseguró que hasta los gorriones comunes no pueden caer al suelo y morir "sin que el Padre lo permita" (Mateo 10:29, NBV). Hasta las aves están bajo su providencia.

Luego están las flores.

La primera primavera después de nuestra boda recibí una llamada de Nancy.

—Debemos darnos prisa, cariño —declaró.

—¿Qué pasa? —pregunté.

—Los trilios están floreciendo —explicó ella—. Y solo durarán unos días más.

Al no tener idea de quiénes o qué eran los trilios, hice todo lo posible por ser un esposo totalmente comprometido y actuar como si esto fuera importante. Así que salí a encontrarme con Nancy.

Yo no podría haber estado preparado para el espectáculo de miles de delicadas flores blancas que cubrían el suelo de la superficie boscosa a solo unos kilómetros de nuestra casa. Tomado de la mano de Nancy, mientras recorríamos un sendero estrecho y sinuoso a través de la hermosura, absorbí la belleza y adoré al Creador que diseñó este festín visual… para su propio disfrute y el nuestro.

Cuando quiso ayudar a las personas a entender y confiar en la providencia divina, Jesús les recordó que Dios hace un trabajo más que adecuado de alimentar aves y vestir flores. Entonces, ¿qué significa eso para ti? Significa que tienes un Dios que se preocupa profundamente por ti y que suplirá todas tus necesidades. Él no simplemente quiere que las aves coman o que haya exhibición de flores blancas, también participa personalmente en alimentar y vestir. Y lo que hace por las aves y las flores, lo hará por ti.

Sin embargo, eso no es todo lo que hay en la providencia de Dios. La palabra también habla de su gobierno sabio y soberano sobre todos los detalles de su creación.

Bueno, este es ciertamente un tema que puede suscitar argumentos animados. Pero básicamente existen dos opciones.

O...

1. Dios soberanamente causa y permite que todo lo que sucede ocurra en nuestras vidas y en este mundo.

O...

2. Dios está cerca y observa con pasividad e impotencia, poco dispuesto o incapaz de hacer algo respecto a lo que sucede.

> ¿Dónde estaríamos sin el conocimiento seguro de que "Dios tiene todo el mundo en sus manos" y que cada detalle de nuestras vidas y nuestros días está ordenado por nuestro Señor sabio, omnisciente y amoroso?

Por eso, desde el principio, vamos a dejar en claro que *elegimos la opción número uno*.

¿Dónde estaríamos sin el conocimiento seguro de que "Dios tiene todo el mundo en sus manos" y que cada detalle de nuestras vidas y nuestros días está ordenado por nuestro Señor sabio, omnisciente y amoroso? Lejos de ser una carga aplastante que deba soportarse o que disminuya nuestro valor, la providencia de Dios es un regalo fabuloso y precioso. Lo que sería la tragedia definitiva es ser víctimas indefensas de la casualidad lanzadas sobre las tormentas de la vida. Gracias a Dios ese no es el caso.

El pastor Charlie Dates tuiteó hace poco después de experimentar un turbulento vuelo:

> Estoy asombrado de cómo, en medio de un vuelo agitado, la voz del piloto es tranquila y segura al dirigirse a los pasajeros. Lo que nos pone nerviosos no parece molestarle. Es bueno tener un capitán de vida que tenga la certeza de tu llegada segura cuando la vida es agitada.[2]

El libro del Éxodo del Antiguo Testamento incluye muchos momentos providenciales. Uno de los más dramáticos fue cuando los israelitas fueron finalmente liberados de sus captores egipcios. Escaparon hacia el oriente, pero había un problema. Llegaron a una enorme masa de agua, sin manera de cruzarla o rodearla y sin botes ni chalecos salvavidas. Además, un feroz ejército los atacaba, blandiendo espadas con mucha hostilidad.

En las horas siguientes se mostraría la providencia divina en tal forma que alimentar aves y vestir flores se convertiría en un juego de niños. Pero su pueblo no confiaba en que esto sucedería. A pesar de la incesante fidelidad de Dios hasta ese momento, a pesar de haber visto a Yahvé realizar un espectacular milagro tras otro a favor de ellos, temieron por sus vidas y volvieron a caer en su respuesta característica: quejarse. Cuando se hallaban a orillas del Mar Rojo, reclamaron a Moisés: "¿No había sepulcros en Egipto, que nos has sacado para que muramos en el desierto? ... Mejor nos fuera servir a los egipcios, que morir nosotros en el desierto" (Éxodo 14:11-12).

Impávido, Moisés tenía otro plan. Confió en Dios. Demostrando ser el hombre adecuado para el trabajo, anunció a la turba alborotada y temerosa:

> No temáis; estad firmes, y ved la salvación que Jehová hará hoy con vosotros… Jehová peleará por vosotros, y vosotros estaréis tranquilos (vv. 13-14).

Y Dios cumplió. No solo proporcionó un camino a través del agua y ahogó al ejército perseguidor, sino que también guio al grupo heterogéneo de israelitas por el desierto, proveyéndoles comida, agua, protección y más, hasta que finalmente llegaron a la tierra que les había prometido.

Igual que ver a Dios alimentando a nuestras aves o contemplar con asombro las pequeñas flores blancas silvestres extendiéndose por el bosque.

Nuestro Padre celestial mira nuestras circunstancias, nuestras preocupaciones y nuestros temores, y declara: "Cobra ánimo, hijo mío. Yo soluciono esto".

Nuestro Padre celestial mira nuestras circunstancias, nuestras preocupaciones y nuestros temores, y declara: "Cobra ánimo, hijo mío. Yo soluciono esto".

Una amiga cercana ha estado atravesando algunas circunstancias terriblemente confusas y dolorosas, sobre todo como consecuencia de los pecados de otros. En un intercambio reciente de mensajes de texto, yo (Nancy) le escribí:

> Cuando las cosas parecen desmoronarse, es natural perder el control, respirar aceleradamente, sucumbir al miedo, la ira o la desesperación, o intentar resolver los problemas y sacarlos de tu vida. Pero este momento es parte de una historia superior que Dios está escribiendo en ti y a través de ti. Recuerda el Mar Rojo. Quédate tranquila. Mira la salvación del Señor.

La providencia de Dios a menudo se ve mejor en retrospectiva. Hay algo acerca de la claridad de mirar por un espejo retrovisor. Mirar hacia atrás nos da con frecuencia una imagen más precisa de dónde hemos estado y qué significa esto. Eso no quiere decir que toda mirada hacia atrás nos mostrará todo lo que hay para ver, al menos no en esta vida. Debemos tener ojos para ver, y eso puede llevar tiempo y oración. Pero si seguimos reflexionando en dónde hemos estado y vemos con ojos de fe, a menudo la vista en el espejo retrovisor se enfocará y obtendremos una visión más clara de cómo Dios ha estado actuando en nuestra vida.

Ver por el parabrisas es una historia distinta. Podemos creer que sabemos a dónde nos dirigimos, solo para descubrir una y otra vez que no tenemos idea terrenal. Lo que sucede realmente quizás no sea para nada lo que habíamos previsto o anticipado.

Lo que vemos al mirar hacia delante es nuestra historia: nuestras circunstancias vistas desde una perspectiva finita y limitada.

Lo que aparece cuando miramos hacia atrás es la historia de Dios: lo que Él ve, sabe y tiene en mente; la manera en que siempre obra para nuestro bien y su gloria.

Dios está escribiendo una historia: la historia de la redención. Esta es más grandiosa y mejor que todo lo que podamos imaginar. He aquí algunos aspectos importantes que debemos recordarnos con frecuencia acerca de la historia de Dios y cómo se relaciona con la historia que está escribiendo en nuestras vidas y a través de ellas:

1. *Nuestras historias individuales son parte de una historia mucho más grande.* En ocasiones experimentaremos angustia, pérdida, desilusión y anhelos insatisfechos. Pero Dios está tejiendo todo eso en un relato que nos dejará maravillados y en adoración cuando lleguemos al final.

2. *Básicamente, esta historia no se trata de nosotros, sino de Él.* Somos actores secundarios en su historia. No somos las estrellas. ¡Él lo es!

3. *La perspectiva tiene una importancia trascendental.* Dios ve el principio, el final y todo lo que hay en medio; nosotros solo vemos este momento presente. En el lenguaje de la narración, el punto de vista de Dios es omnisciente, mientras que el nuestro está intrínsecamente limitado a lo que podemos percibir desde nuestra perspectiva terrenal. Él tiene un lente de amplio espectro y ve todo el mural que está pintando en toda la historia. Nosotros solo vemos la pequeña cantidad de tiempo y espacio que ocupamos en este momento.

4. *Dios obra en maneras inesperadas e inexplicables para lograr sus propósitos.* No debemos esperar que Él escriba nuestra historia en la forma en que nosotros la escribiríamos.

5. *Dios ordena las circunstancias de nuestra vida en forma soberana y con propósito.* No existe tal cosa como casualidad o accidente. Nada lo agarra desprevenido. No hay giros inesperados en tu historia o la nuestra que el Señor no sepa o que no pueda superar.

6. *Lo que vemos ahora no es toda la historia.* Si pudiéramos ver lo que Dios ve, y saber lo que sabe, nuestros corazones estarían en paz.

7. *Podemos confiar en que Dios escribe la historia de nuestros seres amados.* Eso no significa que no debamos ayudarles o apoyarlos. Pero no debemos rescatarlos de las circunstancias que podrían ser un capítulo de la historia que el Señor está escribiendo en las vidas de ellos.

8. *Los retos que enfrentamos pueden ser parte de lo que Dios está escribiendo en la historia de otra persona.* Él quiere usar nuestra historia como un medio de su gracia y su intervención en las vidas de otros, incluso aquellos que pueden haber "estropeado" nuestra historia.

9. *Quienes confían en Dios nunca se desilusionarán.*[3] No todo capítulo en esta vida tiene un final "feliz". Pero todo hijo verdadero de Dios vivirá "felizmente para siempre". Podemos estar seguros de eso.

10 *Puedes confiar en Dios para escribir tu historia…* y puedes estar seguro de que, al final, ¡Él la corregirá!

El relato bíblico de Job es una demostración impresionante del control de Dios sobre los sucesos de nuestro mundo y de lo que ocurre en nuestras vidas.

El libro que lleva su nombre empieza con una resonante aprobación del carácter de Job: "Perfecto y recto, temeroso de Dios y apartado del mal" (Job 1:1). Sin embargo, este hombre que amaba a Dios y odiaba el pecado, un varón dedicado a la familia y benefactor generoso, no estaba exento de agonizante sufrimiento y pérdida.

> Lo que vemos ahora no es toda la historia. Si pudiéramos ver lo que Dios ve, y saber lo que sabe, nuestros corazones estarían en paz.

Al contrario, en una prueba de soberanía divina, que en realidad no tuvo nada que ver directamente con Job, Dios le dio permiso a Satanás de afligir a este hombre piadoso con inimaginable pérdida y dolor. Un desastre inesperado tras otro golpeó con fuerza a Job desde todas las direcciones y le hizo tocar fondo. Su gran riqueza desapareció en un día. Sus diez hijos murieron en un instante. El cuerpo de Job se le cubrió de llagas insoportables. Su esposa (sufriendo también profundo dolor) se confundió y desorientó. Sus amigos se equivocaron y fueron de poca ayuda en el mejor de los casos.

Al principio, Job se mantuvo firme en su confianza de que Dios es digno de ser bendecido, no solo cuando dispensa bendiciones, sino también cuando estas desaparecen y la adversidad las reemplaza. Pero, con el paso del tiempo, esa confianza a veces titubeó. A lo largo de treinta y cinco capítulos de interminables diálogos y debates sobre el problema del sufrimiento, las ráfagas de inspiradora fe de Job se intercalaron con arrebatos angustiados de cuestionamientos y desesperación. Y todo el tiempo Dios estuvo en silencio. Por más que Job y sus bienintencionados amigos trataron con todas sus fuerzas de entenderlo todo, simplemente no sabían lo que no sabían.

Finalmente, el Dios soberano dio un paso al frente y se dirigió a su siervo sufriente, diciéndole realmente: "Me has estado bombardeando con preguntas. Pues bien, tengo algunas preguntas que hacerte".

Yo te preguntaré, y tú me contestarás (Job 38:3).

Para empezar...

¿Dónde estabas tú cuando yo fundaba la tierra?
Házmelo saber, si tienes inteligencia (v. 4).

Entonces, durante los cuatro capítulos siguientes, Dios le llamó la atención. Con un punto incontestable tras otro le recordó a Job el historial de obras registradas de Dios como el Señor de toda creación. Le reveló su grandeza, poder, control providencial y cuidado del universo. Job lo interrumpió solo una vez... para reconocer que no estaba a la altura cuando de entender o retar a Dios se trataba:

Indigno soy. ¿Qué te puedo responder?
Más me conviene quedarme callado (40:4, RVC).

Finalmente, cuando escuchó a Dios, Job respondió con resignación, confesión y humildad llena de admiración:

Yo conozco que todo lo puedes,
Y que no hay pensamiento que se esconda de ti…
Yo hablaba lo que no entendía;
Cosas demasiado maravillosas para mí, que yo no comprendía…
De oídas te había oído;
Mas ahora mis ojos te ven…
Por tanto me aborrezco,
Y me arrepiento en polvo y ceniza (42:2-6).

En otras palabras: "Ganaste, eres bueno y fiel. Confío en que estás escribiendo mi historia".

Es probable que tu historia no sea tan dramática como la de Job, pero tus problemas y tu sufrimiento no son menos reales. Quizás en este momento no veas los propósitos o el plan de Dios. Pero por la gracia del Señor puedes confiar en su providencia, con la seguridad de que…

Él es bueno.

Él es fiel.

Y puedes confiar en Él para escribir tu historia.

CAPÍTULO 2

Escogida

La historia de Ester

> Tal como un diamante brilla con mayor intensidad
> cuando se coloca sobre un fondo oscuro, la
> gloria de Dios se manifiesta brillantemente
> cuando Él provoca reveses divinos.
>
> TONY EVANS

Tal vez te sorprenda descubrir que uno de los libros de la Biblia que muestra más prominentemente la providencia de Dios no incluye su nombre. El libro de Ester del Antiguo Testamento es uno de los dos únicos libros que no hacen referencia específica a Dios. (El otro es Cantar de los Cantares). Pero toda la historia de Ester contiene la huella inconfundible de la presencia y actividad del Señor. Se trata solo de una pequeña parte de la historia más grande de Dios que abarca todo tiempo, espacio y eternidad. Pero también refleja y nos ofrece una vislumbre de esa historia mayor.

Este es un relato del modo en que Dios intervino en forma sobrenatural para liberar del exterminio a su pueblo escogido por medio de la valiente petición de una "joven judía huérfana convertida en reina". Una muchacha llamada Ester.

El primer versículo del libro nos dice que estos hechos tuvieron lugar "en los días de Asuero" (Ester 1:1). También conocido como Jerjes, este rey persa reinaba sobre un imperio mundial con fronteras que abarcaban "desde la India hasta Etiopía" (1:1).

Con poder total y sin restricciones, este monarca ejercía autoridad absoluta por medio de decretos reales irrevocables. Hacía alarde de su riqueza con demostraciones intimidantes de opulencia y buena vida. Es más, la historia empieza con Asuero en medio de una tremenda fiesta, una juerga de seis meses que realizó para sí mismo. Qué tipo. ¿Te imaginas?

En medio de estas festividades, el rey decidió exhibir a Vasti, su esposa-trofeo, ante sus amigos borrachos. Poco dispuesta a ser utilizada de ese modo, ella no quiso presentarse. Y, enojado por haber sido rechazado, de inmediato el matón imperial depuso a su reina.

Asuero era el rey. Tenía el poder. Y aunque la reina gozaba de una posición real que muchos podrían haber envidiado, después de todo no era más que un peón que podía ser colocado o reemplazado como él quisiera. Al igual que la mayoría de mujeres de su época (y aún de la actualidad en algunas partes del mundo), ella era incapaz de controlar su propio destino. Estaba sometida a los convencionalismos de su cultura y a los caprichos de un esposo y rey despótico, bebedor, fácilmente irritable y enloquecido por el poder.

Este es el entorno en el que se situaría Ester. Humanamente hablando, ella no tendría más control sobre su propio futuro que el que Vasti tuvo sobre el suyo.

No obstante, las cosas no siempre son como parecen aquí en la tierra. *El cielo gobierna.* Una mano invisible controla a quienes creen que ejercen el control final. Tanto reyes como reinos, leyes y decretos, todos están sometidos a Aquel que se sienta en el trono y reina sobre todas las cosas. Ningún humano tiene suficiente poder para frustrar el plan de Dios.

Con el trono de la reina ahora como una silla vacía, Asuero decidió sustituirla organizando una especie de concurso de belleza. Pero, en lugar de exigir que las concursantes caminaran por la pasarela y respondieran preguntas sobre la paz mundial por televisión en vivo, a cada una se le obligaría a pasar la noche con él, y aquella que agradara "a los ojos del rey" se convertiría en su reina (2:4).

¡Qué horrible era este sistema que usaba y trataba a las mujeres como propiedad para los propósitos y placeres de un gobernante poderoso! Asuero emitió órdenes para que reunieran a "todas las jóvenes vírgenes de buen parecer" (v. 3), las pusieran bajo la supervisión del "guarda de las mujeres" y las sometieran a los regímenes de belleza a fin de prepararlas para sus "audiciones". Aunque algunas de ellas pudieran haber considerado esto como un codiciado honor, la realidad es que no tenían una verdadera opción. Despojadas de su independencia, las usaban para el placer de otra persona y luego las descartaban si no estaban a la altura del escrutinio del rey. Este sujeto era un monstruo.

> Las cosas no siempre son como parecen aquí en la tierra. *El cielo gobierna*. Una mano invisible controla a quienes creen que ejercen el control final.

¿Dónde estaba Dios en todo esto? ¿Y dónde está hoy cuando hombres depravados deshumanizan a las mujeres y las utilizan para sus fines lujuriosos?

La historia de Ester nos indica la respuesta. Porque, mientras

Asuero estaba dedicado a su cruel negocio (intentar dominar el mundo, ejercer férreo control sobre sus súbditos y aprovecharse de tantas mujeres como quisiera), Dios estaba actuando tanto en el juicio a los malvados como en la salvación de su pueblo.

Entra Ester en escena, cuya joven vida ya había sido marcada por la tragedia: huérfana, exiliada, judía. También se nos dice que era virgen y muy hermosa, lo que la puso en la mira de la malvada maquinación del rey. Ester "fue llevada" al palacio (2:8) y secuestrada en el harén del monarca para ser acicalada y preparada a fin de pasar la noche con él.

Aunque pudo haberse sentido abandonada, sola y separada de su entorno, Ester era observada por alguien que se preocupaba profundamente por ella. Cada día su único pariente vivo, su primo y tutor Mardoqueo, recorría de un lado al otro el patio del harén con la finalidad de "saber cómo le iba a Ester, y cómo la trataban" (2:11).

El cuidado vigilante de Mardoqueo sobre su prima adoptiva es un símbolo del Dios que es el Guardián de quienes le pertenecen. Él nos cuida fielmente y nunca duerme (véase Salmos 121:3-4). Cuando estamos "encarcelados" en circunstancias ajenas a nuestra voluntad, aunque sea resultado de nuestras acciones, nunca estamos solos; no somos invisibles. Podemos sentir que estamos en un callejón sin salida, atrapados, sin escapatoria y sin futuro ni esperanza. Pero nuestro "Mardoqueo celestial" está allí. Aunque a menudo no lo vemos, su cuidado es seguro. Cada día anda por nuestro lugar. Observa lo que nos sucede y "averigua" cómo está yéndonos. Sin embargo, a diferencia de Mardoqueo, Él no es impotente para ayudar. Al contrario, actúa tras bambalinas, haciendo arreglos, poniendo todo en su lugar. Y, en el momento oportuno, será el medio para anular los objetivos de nuestro enemigo y cumplir el propósito santo de Dios para nuestras vidas.

A diferencia del preocupado Mardoqueo, el rey Asuero era un hombre indigno que usaba mujeres para satisfacer su lujuria. "Probaba" mujeres durante una noche, y si no le agradaban, pasaban el resto de sus vidas en un segundo harén como una de las concubinas del rey y nunca más volvían a estar con el monarca (o con ningún otro hombre).

Por supuesto, esto era pura maldad, pero incluso hoy día no es extraño ver que a las mujeres no las reconocen como seres creados a imagen de Dios (*imago dei*). Los detalles pueden cambiar, pero el trágico quebrantamiento continúa. Por ahora.

No obstante, un día toda práctica vil en nuestro mundo destrozado y caído será eliminada y todo será hecho nuevo. Y mientras tanto, Dios cuida de los suyos, redimiendo y actuando siempre para lograr los propósitos de su reino… a su manera y en su tiempo.

> Un día toda práctica vil en nuestro mundo destrozado y caído será eliminada y todo será hecho nuevo.

Ester no fue rescatada del perverso sistema real, pero fue cuidada por un Dios con más honra que el rey, incluso mientras vivía como prisionera real. Por providencia divina, ella se ganó "el favor de todos" (v. 15) en el harén y después delante de Asuero. Este "amó a Ester más que a todas las otras mujeres… Y la hizo reina" (v. 17), poniéndola en una posición única para ayudar al pueblo judío.

El Padre celestial sabía lo que hacía. Estaba escribiendo la historia de Ester… Y la historia de toda una generación de los elegidos de Dios, quienes eran ajenos a la presencia y el cuidado del Señor.

Poco tiempo después que Ester se convirtiera en reina, la providencia divina tejió otro hilo argumental en su historia. Mardoqueo escuchó un complot de asesinato y se lo contó a Ester, quien le informó al rey. Los culpables fueron capturados y la vida del soberano se salvó (2:21-23).

Pero la buena acción de Mardoqueo no fue reconocida (en ese momento) porque un intrigante y autoproclamado funcionario llamado Amán el agagueo se ganó el favor del rey (3:1). Tal como suele suceder en la vida real. El servicio fiel no es recompensado, mientras que las personas malvadas con planes infames son honradas y exaltadas.

Desde el punto de vista terrenal, Mardoqueo no era nadie en el contexto de un régimen enorme y totalitario. Pero representó un papel importante en la historia que Dios estaba escribiendo. Por la fidelidad e integridad de Mardoqueo se evitaría un complot insidioso y se salvaría al pueblo de Dios, del que un día vendría el Salvador del mundo.

Pero... estamos adelantándonos a nuestra historia.

El choque entre el bien y el mal siguió intensificándose. El poder y la influencia de Amán aumentaron, y todos los habitantes del reino recibieron la orden de rendirle homenaje. Pero Mardoqueo se negó a inclinarse ante ese hombre. El texto en el libro de Ester no dice exactamente por qué, pero una clave puede estar en el hecho de que a Amán se le identificara como agagueo. Esto podría significar que era descendiente o pariente de Agag, un enemigo acérrimo de Dios y su pueblo en los días de Saúl. Mardoqueo pudo haberse negado a postrarse porque no estaba dispuesto a comprometer su identidad como judío.[1]

Cualquiera que fuera la razón, la negativa de Mardoqueo a inclinarse enfureció a Amán, quien planeó destruir no solo a Mardoqueo sino a todo el pueblo judío. Convenció al rey Asuero que emitiera un edicto irreversible de "destruir, matar y exterminar a todos los judíos, jóvenes y ancianos, niños y mujeres" (3:13). Pero ni el rey ni Amán tenían idea de que la hermosa reina estaba entre los destinados a la matanza.

Amán y sus secuaces ya habían echado "suertes" (9:26, NBV), algo así como lanzar una moneda o tirar un dado, para determinar la fecha del genocidio, por lo que la ley se emitió con esa fecha límite. Entonces "el rey y Amán se sentaron a beber", celebrando su horrible artimaña, mientras "la ciudad de Susa estaba conmovida" (3:15).

Cuando los judíos de todo el reino se enteraron del decreto del rey, hubo "gran luto, ayuno, lloro y lamentación; cilicio y ceniza era la cama de muchos" (4:3). Es importante señalar esto porque los acontecimientos tuvieron lugar durante un bajón espiritual en la historia del pueblo de Dios. En ocasiones, el Señor usa hasta las intenciones perversas de sus adversarios con el fin de llevar a su pueblo a un lugar de humildad y desesperación, reconociendo su dependencia en Él para que los libere. ¡Y sin duda ningún escenario podía ser más terrible y desesperanzador que el que el pueblo judío enfrentó después que Asuero emitió su decreto!

No obstante, *el cielo gobierna*. En ese entonces y ahora, por desesperadas que puedan parecer las circunstancias, Dios está escribiendo su historia. Los reyes y hombres malvados pueden enojarse y poner en marcha sus maquinaciones, pero no pueden hacer nada que Él no permita para sus propósitos mayores. Y, cuando Dios decide hacerlo, puede deshacer todo el daño que sus enemigos intentan hacer al pueblo del Señor.

Mardoqueo le pidió a Ester que usara su posición real para rogar por la vida de su pueblo. Lamentablemente, ella no estaba en posición de hacerlo ya que el rey no la había llamado durante un mes. Presentarse ante él sin ser llamada la colocaría en un gran riesgo personal, porque cualquiera que entrara al patio interior del rey sin ser llamado podía ser ejecutado. Pero Ester accedió a intentar entrar allí, lo cual creó una oportunidad perfecta para la intervención divina.

Esto vino con una sincronización exacta. Dios organizó una

secuencia de acontecimientos, algunos de estos, según parece, al azar e insignificantes:

- El rey no podía dormir.

- A fin de pasar el tiempo ordenó que le llevaran un libro de los archivos reales y que se lo leyeran.

- El libro contenía un relato en que Mardoqueo detuvo el complot de asesinato por parte de los guardias del rey.

- En ese mismo instante, Amán entró con la intención de obtener la aprobación del rey para colgar a su enemigo, Mardoqueo, en una enorme horca que había ordenado construir con esa finalidad.

¡Estas cosas no pueden inventarse!

Ahora todo comenzó a cambiar tanto para Amán como para Mardoqueo. Amán, quien había supuesto que el rey quería honrarlo por encima de todos los hombres, terminó forzado a honrar públicamente a Mardoqueo, a quien detestaba y cuya destrucción había tramado. La euforia de Amán por su posición de favorito del rey se convirtió en abatimiento, y su esposa empeoró las cosas al predecir (con exactitud) que su esposo no vencería a Mardoqueo, sino que caería "por cierto delante de él" (6:13).

El camino estaba ahora preparado para que Ester entrara a la presencia del rey con el fin de suplicar por su propia vida y la de su pueblo, y poner al descubierto al perverso que había tramado el inicuo plan. Aquí estaba una mujer frágil situada valientemente en la corriente del plan soberano de Dios... "para esta hora" (4:14).

Amán pasó rápidamente de estar intoxicado con el poder y el vino a estar "aterrorizado". En un cambio dramático resultó destruido aquel que había conspirado y hecho planes para destruir las vidas de quienes se le resistían. Es más, "colgaron a Amán en la horca que él había hecho preparar para Mardoqueo" (7:10).

Dios reivindica a los suyos. Las palabras del salmista son ciertas:

> Pues de aquí a poco no existirá el malo…
> Pero los mansos heredarán la tierra,
> Y se recrearán con abundancia de paz.
> Maquina el impío contra el justo,
> Y cruje contra él sus dientes;
> El Señor se reirá de él;
> Porque ve que viene su día…
> Mas los impíos perecerán…
> se disiparán como el humo (Salmos 37:10-13, 20).

Mardoqueo, una vez degradado, ahora fue exaltado por el rey. Se le otorgó autoridad para emitir un edicto contrario, otorgando a los judíos autoridad para armarse y defenderse. El mismo día en que debía llevarse a cabo el genocidio, Mardoqueo fue grandemente honrado y promovido a segundo funcionario más alto en la nación, mientras quien había intentado destruirlo fue humillado, degradado y ejecutado. Uno de los primeros actos oficiales de Mardoqueo fue instituir un festival anual para conmemorar los "días en que los judíos tuvieron paz de sus enemigos, y… el mes que de tristeza se les cambió en alegría, y de luto en día bueno" (9:22).[2]

Amán había maquinado destruir a los judíos (v. 24). Incluso había echado suertes ("echado Pur") para determinar el día en que todo esto se realizaría. Pero los acontecimientos en esta tierra no se determinan por casualidad. Como dijo el escritor de himnos del siglo XIX, Maltbie Babcock:

> El mundo entero es del Padre celestial
> y nada habrá de detener su triunfo sobre el mal.

¡De Dios el mundo es! Confiada mi alma está
pues Dios en Cristo, nuestro Rey, por siempre reinará.[3]

La historia de Ester lo revela. Nuestras historias también pueden hacerlo.

El cielo gobierna.

CAPÍTULO 3

Hermosa

Nuestra historia

> Una providencia está dando forma a nuestros
> objetivos; un plan está desarrollándose en nuestras
> vidas; un Ser sumamente sabio y amoroso
> hace que todas las cosas obren para bien.
>
> F. B. MEYER

Nuestra historia es en realidad un relato de dos familias, que empieza con dos parejas.

Samuel y Grace Wolgemuth, y Arthur y Nancy DeMoss.

Ambas parejas llamaron a Pennsylvania su hogar por un tiempo.

Ambas amaron a Cristo, su Palabra y su pueblo.

Ambas tuvieron en común la pasión de que todo el mundo conociera la "historia… de Cristo y de su gloria, de Cristo y de su amor".[1]

Y ambas parejas dejaron un extraordinario legado de fe y fidelidad tanto para sus familias como para sus generaciones posteriores.

Sam y Grace dieron a luz en 1948 a su cuarto hijo, Robert David. Seis años después tendrían mellizos, completando esta familia de ocho miembros.

Diez años después que Robert entrara a este mundo… exactamente nueve meses y cuatro días después que se casaran, Art y Nancy DeMoss dieron la bienvenida a una hija, a quien le pusieron el mismo nombre de la madre. Dentro de los primeros cinco años de su matrimonio, Dios los bendeciría con seis hijos, y un séptimo nacido varios años más tarde.

Ambas parejas rindieron completamente sus vidas y sus planes a Cristo y decidieron seguirlo dondequiera que los guiara. Y ambas hablaron francamente y a menudo con sus hijos sobre las Escrituras, Cristo y el evangelio. A pesar de que estas familias no se conocían en ese momento, un día el Señor, en su inescrutable sabiduría y planificación, entrelazaría sus historias.

Al mirar ahora por el espejo retrovisor podemos observar la innegable providencia de Dios: cómo utilizó nuestras familias y nuestras experiencias para dar forma a nuestros corazones jóvenes, dirigir el curso de nuestras existencias y prepararnos para una vida de servicio… y para una eternidad de gozo.

Nos maravillamos al reflexionar en esta intervención íntima en cada capítulo, cada escena y cada detalle de nuestra historia.

HISTORIA DE ROBERT *(contada por Nancy)*

En la década de los cuarenta, el padre de Robert vendía equipos agrícolas para la Frick Company, con sede en el pequeño pueblo de Waynesboro, Pennsylvania. De unos treinta y cinco años, y con una escasa preparación teológica formal, Samuel aceptó convertirse en el pastor de una decadente congregación de hermanos en Cristo. Esto significaba predicar los fines de semana y los miércoles por la noche y estar disponible, según entiende cualquier ministro de un pueblo pequeño, cada vez que un parroquiano tuviera una necesidad.

A su lado siempre estaba la espigada y elegante madre de Robert, Grace Dourte Wolgemuth, una auxiliar licenciada de enfermería. Es más, Samuel siempre presentaba a su esposa como "Gracia, a mi lado". Él se apoyaba mucho en el trato amable de su esposa hacia las personas, y quienes la conocían se maravillaban de sus dones de hospitalidad y manejo del hogar.

En días posteriores, "la señora Grace" sería amada en todo el mundo cuando acompañaba a Samuel en muchos de sus viajes como presidente de Juventud para Cristo Internacional. Cuando Robert habló en el funeral de su madre, en 2010, comenzó diciendo: "Sus padres la llamaron Grace [gracia]. ¿Cómo lo supieron?".

Aunque no era particularmente extrovertido, el joven Robert era un chico agradable. Le gustaba trepar a los árboles en la propiedad que tenían en Waynesboro y también (dependiendo de la época del año) andar en bicicleta o en trineo por Frick Avenue, que se inclinaba cuesta abajo desde su casa.

Cada domingo Robert y sus hermanos se sentaban obedientemente en la iglesia, alineados en un banco de madera cerca del frente del santuario, mientras su padre predicaba. Sam Wolgemuth no era un comunicador dinámico, pero su pasión sincera por el evangelio se evidenciaba claramente. La manera en que comenzaba cada sermón está indeleblemente grabada en la memoria de Robert.

Samuel atravesaba la no muy elevada plataforma frente al santuario, ponía su gran Biblia negra y sus notas en el

> Nos maravillamos al reflexionar en esta intervención íntima en cada capítulo, cada escena y cada detalle de nuestra historia.

púlpito y luego se colocaba a un lado y se ponía de rodillas. En ocasiones invitaba a la congregación a unírsele arrodillándose junto a sus bancos. Entonces clamaba al Señor que le diera sabiduría cuando abriera la Palabra.

La oración no era solo una actuación pública para este papá predicador. Robert recuerda muchas mañanas en que estando acostado en su habitación del primer piso, escuchaba el tono sofocado de su padre orando en la sala de estar del sótano. Aunque no podía distinguir las palabras exactas, este hijo sabía que nada le importaba más a su papá que buscar y recibir el favor de Dios.

El modelo de humildad y oración de su padre influyó profundamente en la vida de Robert.

Cuando Robert tenía solo cuatro años de edad, su familia fue a ver *Mr. Texas* (Sr. Texas), una película semiautobiográfica protagonizada por el actor, cantante y compositor de música country cristiana Redd Harper. Mientras Robert veía la película, el Espíritu de Dios entró al corazón de este niño. Antes que salieran del teatro esa noche y arrodillándose junto a su madre, mientras ambos lloraban, él entregó su vida a Cristo, iniciando toda una existencia nueva con implicaciones eternas.

Meses después, Sam, Grace y sus (entonces) cuatro hijos, entre cuatro y once años, abordaron un barco con destino a Japón. Se embarcaban en una nueva aventura, una misión de dos años con Juventud para Cristo. Robert recuerda que sus padres vendieron o regalaron prácticamente todo lo que poseían antes de dejar su casa en Pennsylvania para decir sí al llamado de Dios. Este fue otro momento formativo que lo marcaría con una convicción de por vida de que Cristo es digno de nuestra devoción sincera y que amarlo, seguirlo y servirle es nuestro mayor deber y gozo.

Cuando la familia regresó de su tiempo en el extranjero, se estableció en Wheaton, Illinois, para que el papá de Robert asumiera el papel de director de Juventud para Cristo en el extranjero.

Sam y Grace ansiaban que sus hijos desarrollaran una fuerte ética laboral desde temprana edad. De tercero a noveno grado (hasta que consiguió un trabajo mejor pagado de un dólar por hora), Robert tuvo una ruta de periódico que lo hacía levantarse antes del amanecer seis mañanas a la semana. Sentado en el gélido piso del garaje, debía enrollar cien ejemplares del *Chicago Tribune*, luego los llevaba en una canasta instalada en el frente de su bicicleta Schwinn de trabajo pesado, y los lanzaba cuidadosamente hacia los porches delanteros de las casas de sus clientes.

Después de la secundaria, Robert asistió a la Universidad Taylor, una institución cristiana de artes liberales en el centro norte de Indiana, al igual que sus padres antes que él (y treinta y dos Wolgemuth hasta la fecha). Completamente empresarial, Robert ayudó a pagar su colegiatura vendiendo desde su dormitorio camisas y blusas de vestir hechas a medida, y diamantes importados de Asia.

Lo más destacado de sus años universitarios fue volver a subirse en una Schwinn, un modelo más elegante que el de la edición de ruta de periódicos, el verano antes de su último año y recorrer seis mil cuatrocientos kilómetros desde San Francisco hasta la ciudad de Nueva York. Montó con otros treinta y nueve estudiantes, un grupo que denominaron "Las ruedas errantes". Algunos de esos hombres siguen estando entre los amigos más cercanos de Robert.

El interés de Robert en la ciencia lo había llevado a comenzar estudios de Medicina. Pero durante su tercer año sintió un llamado al ministerio y cambió su especialidad, graduándose en 1969 con un título en literatura bíblica. Luego, durante los nueve años siguientes, sirvió con Juventud para Cristo, primero como director del club de la escuela secundaria y después en el personal de la revista *Campus Life*.

Su trabajo en la revista fue el inicio de una carrera en la industria editorial cristiana, la cual ha incluido asumir papeles clave de administración en dos editoriales diferentes, iniciar una compañía editorial con su socio comercial, escribir más de veinte libros y, en 1992, empezar una agencia literaria que hoy día representa a más de doscientos escritores cristianos.

Una de las mayores alegrías de la vida de Robert es enseñar la Palabra de Dios, algo que hizo semanalmente en clases de adultos en la escuela dominical durante más de treinta años.

Una y otra vez, desde la primera ocasión en que escuché el nombre de Robert cerca del año 2000, líderes ministeriales, colegas en la industria editorial y muchos entre sus familiares y amigos me han hablado de lo mucho que respetan a este hombre y cuán agradecidos están por la huella que ha dejado en sus vidas.

HISTORIA DE NANCY *(contada por Robert)*

A Nancy Leigh (desde niña llamada por ambos nombres para distinguirla de su madre, quien también se llamaba Nancy) siempre le gustó la escuela. En verdad, lo que realmente amaba era aprender. Mientras los demás niños se columpiaban o pateaban una pelota, por lo general a Nancy la podían encontrar en un lugar apartado o en su cuarto leyendo un libro.

Su primer recuerdo consciente es la tarde del 14 de mayo de 1963, cuando a los cuatro años de edad le pidió a Cristo que la salvara. Ese día entregó todo lo que sabía de sí misma a todo lo que sabía de Él. Y no hubo vuelta atrás.

Desde esos primeros años como hija de Dios, Nancy sintió la mano del Señor sobre su vida y el llamado a servirle, aunque no tenía idea de cómo sería eso en el futuro. En nuestra sala hay una carta enmarcada que Nancy escribió a sus padres cuando tenía siete años. (Aunque era campeona de ortografía incluso a esa edad, ¡escribió mal "misionera" como "micionera" cada una de las siete veces que la palabra aparece en la carta original!):

> Queridos mamá y papá:
> El sábado supe que Dios había tocado mi corazón y quería que yo fuera misionera para Él, y fue como si estuviera de pie delante de mí.
> En ese momento comencé a pensar en qué le hablaría

a la gente una misionera y en cómo lo haría. Simplemente podría contar a <u>todos</u> esta noticia maravillosa. Estoy muy feliz por eso. Y solo sé que Dios me ha hablado y me ha dicho que sea una misionera para <u>Él</u>. Creo que ser misionera es el mejor trabajo para <u>mí</u>.

Estoy muy feliz de que Dios <u>me</u> quiera como misionera para <u>Él</u>.

Espero que Dios me ayude a ser misionera. Es sencillamente como si Dios me dijera: Ve, Nancy. Puedes hacerlo. Puedes hacerlo. Sé misionera para mí. Ve, Nancy, ve Nancy.

Con amor,
Nancy Leigh

P.D. Iré a todo el mundo a predicar el evangelio. Voy a hacerlo para <u>Jesús</u> y lo haré <u>solo</u> para Jesús.

La sensibilidad de Nancy por el mundo se amplió mediante una serie de oportunidades de unirse durante su infancia a sus padres en viajes ministeriales a otros países. Su padre era comerciante y tenía un corazón incansable para el ministerio y gran carga en que las personas de todo el mundo escucharan el evangelio. Anhelaba que su familia también tuviera este celo. Por tanto, él y su esposa llevaban a sus hijos con ellos en "vacaciones ministeriales", donde podían participar en varios esfuerzos evangelísticos y ministeriales, ver de primera mano la altanería de las personas sin Cristo y presenciar el poder de Dios para salvar y transformar vidas. Tales viajes tuvieron un efecto significativo y perdurable en la vida de su hija primogénita.

Nancy Leigh no esperó hasta crecer para comenzar a cumplir su llamado de servir al Señor. A los ocho años de edad le pidieron que reemplazara a su maestra de tercer grado de escuela dominical y después que enseñara a niños en la escuela bíblica vacacional. Estaba enganchada. Esta jovencita, a quien le gustaba sentarse a escuchar la predicación de la Palabra casi más que cualquier otra cosa, descubrió que también disfrutaba en estudiar la Palabra por su cuenta y enseñársela a otros, pasión que no ha disminuido hasta el día de hoy.

En su decimosexto cumpleaños, al inicio de su primer año en el Philadelphia College of Bible, Nancy recibió una carta de su amado padre en que reflexionaba en algunos de los primeros recuerdos que él tenía de su hija mayor:

> ¡Me cuesta creer que ahora estés en la universidad! Aún recuerdo tu primer cumpleaños, hace solo quince años en la conferencia bíblica en Winona Lake, Indiana… ¡sin duda una buena manera de comenzar en la vida!
>
> Recuerdo que cuando eras muy pequeña, siempre querías ir donde se llevara a cabo un encuentro evangélico, ¡ya fuera una reunión de diáconos, una misión de rescate o en el hogar de ancianas!

El papá de Nancy también afirmó su deseo de que Dios usara la vida de ella en cualquier manera que Él decidiera:

> Estoy cada vez más convencido de que Dios tiene algo muy especial y maravilloso para ti, lo que sin duda llegará a ser una realidad porque lo que más deseas en la vida es conocer a Dios y hacer su voluntad.
>
> Y créeme, ¡prefiero infinitamente verte en la voluntad del Señor a que seas rica, famosa o cualquier otra cosa! Después de todo, es realmente cierto que hay
>
> Solo una vida que pronto pasará,
> solo lo hecho para Cristo perdurará.[2]

Para sus dos últimos años de universidad, Nancy se trasladó a la University of Southern California, donde se graduó en 1978 con un título en interpretación de piano. Durante el colegio y la universidad había participado activamente en su iglesia, ministrando a niños y sus padres. Después de graduarse, se unió al personal de una iglesia grande en Virginia como directora del ministerio de educación infantil. A lo largo de estos años, el Señor abrió el corazón de Nancy más y más hacia la gente y la ministración fiel del evangelio.

El viernes 31 de agosto de 1979, a petición de su padre, Nancy voló a su casa en Filadelfia para celebrar en familia su próximo vigésimo primer cumpleaños. Esa noche, cuando regresaba de la cena a casa, Nancy recuerda que su padre le dijo a un amigo con quien se encontraron: "¿Sabes? Es posible que nunca volvamos a estar reunidos todos juntos".

A la mañana siguiente, 1 de septiembre, Art y Nancy DeMoss llevaron a su primogénita al aeropuerto para que tomara su vuelo de regreso a Virginia. Su padre estaba vestido con su ropa de tenis para un partido de dobles que tenía programado con tres hombres que había discipulado en su caminar con Cristo.

Dos horas más tarde, cuando el avión de Nancy aterrizó, una amiga la recibió con la noticia de que su madre estaba tratando de comunicarse con ella.

"Papá está en el cielo", le informó su madre, ahora viuda, cuando se comunicaron. Había caído muerto de un ataque cardíaco en la cancha de tenis; ausente del cuerpo, y presente al Señor (2 Corintios 5:8). Sorprendida por la noticia, Nancy subió rápidamente a otro avión para reunirse con su familia.

Hoy día, al reflexionar en la vida y el legado de su padre, Nancy declara: "Él fue una ilustración viva de los principios que nos enseñó". Esto incluía dar al Señor la primera hora de cada jornada en lectura bíblica y oración, todos los días, un hábito que dejó una huella imborrable en el corazón de su hija.

En los años siguientes, Dios honró a esta mujer soltera y con talento con una vibrante y fructífera carrera en el ministerio. En 1980 dejó el ministerio de la iglesia local y comenzó a viajar por los Estados Unidos con Life Action Ministries, una organización que busca animar movimientos de avivamiento centrados en Cristo entre el pueblo de Dios. Entonces, a partir del 2000, el Señor abrió nuevas oportunidades para que Nancy se convirtiera en escritora y fundadora de Revive Our Hearts (Aviva Nuestros Corazones), ahora un ministerio mundial para mujeres bajo el amparo de Life Action. El programa de enseñanza de Nancy, que se transmite todos los días de la semana a través de podcast, Internet y cientos de medios radiales, se lanzó como emisión sucesora del programa radial *Gateway to Joy* (La entrada al gozo) de Elisabeth Elliot.

A principios de 2015, Nancy les dijo a sus amistades más cercanas que se hallaba en un "buen lugar". Le encantaba entregarse de todo corazón a servir al Señor y a otras personas. Estaba agradecida por la historia que Dios había escrito para ella hasta ese momento. Y no estaba buscando marido.

Nuestra historia

Ambos fuimos bendecidos con el ejemplo de padres cuyos matrimonios, aunque imperfectos, fueron fuertes. Este fue un extraordinario regalo de la gracia de Dios para cada uno de nosotros.

Aunque Nancy era tremenda defensora del matrimonio y gran parte de su ministerio consistía en servir a mujeres casadas, durante muchos años había tenido una sensación de llamado a servir al Señor como mujer soltera. A pesar de que muchos podrían haber sentido esto como una carga, ella lo consideraba realmente una bendición.

Por otra parte, yo (Robert), nunca tuve dudas desde joven que algún día iba a casarme. Y cuando conocí a una hermosa, extrovertida y talentosa mujer llamada Bobbie Gardner, sentí inmediatamente que ella sería la elegida. En marzo de 1970 nos casamos en Arlington, Virginia. Nuestra hija Missy nació en septiembre de 1971, y tres años después, Julie hizo su aparición.

Bobbie y yo compartimos juntos la vida durante casi cuarenta y cinco años. Desde luego, hubo momentos de prueba. Pero esos fueron años agradables y bendecidos con mucho crecimiento y gracia. Entonces, en su providencia, el Señor llamó a Bobbie al cielo tras una valiente batalla de treinta meses contra un cáncer de ovarios.

> Solo Dios sabe completamente por qué hace lo que hace. Pero sabemos que todo lo que hace es útil, bueno y para nuestro bien.

Al conocer el avance agresivo del cáncer y que sus días en esta tierra estaban contados, Bobbie había dejado claro a su familia y amistades que estaba ansiosa en que yo volviera a casarme. Y unas semanas antes de morir en 2014, en dos conversaciones separadas, dijo a dos amigas: "Me gustaría que Robert se casara con Nancy Leigh DeMoss".

Sin embargo, Bobbie nunca me lo dijo.

Nancy y yo nos habíamos conocido profesionalmente desde hacía varios años. Y yo la había representado como agente literario desde 2003 hasta 2005. Ella y Bobbie se conocían y tenían un amor mutuo por el Señor, por himnos, por ministrar a mujeres, etc. Nancy incluso nos había entrevistado a Bobbie y a mí, junto con una de nuestras hijas y nuestro nieto mayor, para su programa de radio, donde hablamos de cantar himnos como familia.

No mucho después que a Bobbie le diagnosticaran cáncer, Nancy había estado hablando en una conferencia en Florida, donde vivíamos, y sacó tiempo para visitar a Bobbie en nuestra casa. Así que Bobbie había visto el corazón de Nancy y había sentido que ella podía ser una compañera adecuada para mí cuando Bobbie se hubiera ido. ¡Qué regalo tan compasivo resultó ser este!

Aunque yo no sabía que esto estaba en el pensamiento de Bobbie, mientras me enfrentaba a esos meses difíciles que siguieron a su muerte, a veces descubría que mis pensamientos giraban hacia Nancy. Finalmente, ella y yo comenzamos una correspondencia que se convirtió en una amistad cada vez más profunda y, con el tiempo, en noviazgo.

Ambos teníamos mucho en qué trabajar en esos primeros días: mi dolor por la pérdida de Bobbie, el llamado de Nancy como mujer soltera, nuestras carreras y ministerios separados, e incluso la distancia geográfica que nos separaba. Pero después de mucha oración, conversación y búsqueda de consejo de algunos amigos confiables, ambos sentimos una luz verde para comenzar a salir. Y dos meses más tarde, las dos mujeres con las que Bobbie había hablado se me acercaron y me dijeron lo que ella había dicho: que esto era exactamente lo que había esperado que sucediera después de su muerte.

Se hacía evidente que el Señor estaba escribiendo un nuevo capítulo tanto en mi vida como en la de Nancy.

Esta fue una historia que yo (Nancy) nunca hubiera imaginado para mí. Pero el Señor comenzó a "despertar el amor" en el corazón de esta mujer de cincuenta y siete años. A medida que yo buscaba con ahínco la dirección del Señor, había una creciente sensación y finalmente una seguridad firme de que Él estaba redirigiendo mi vida y confiándome un regalo diferente: el regalo del matrimonio. Esta sería una nueva vía para experimentar y comunicar la historia de su amor conquistador y redentor.

En una mañana sabatina de ensueño en mayo, Robert se presentó en mi casa con un gran ramo de rosas. Después de comentar algunos versículos y de orar, se inclinó delante del sofá donde me hallaba sentada y, oficialmente, me propuso matrimonio. Mi respuesta fue un sencillo "Sí... con todo mi corazón".

Luego, el 14 de noviembre de 2015, delante de una congregación de más de quinientos amigos (y decenas de miles más que se unieron en línea), intercambiamos votos y nos casamos. El doctor Bill Hogan, de ochenta años y a quien yo había conocido desde mi infancia, que había sido mi pastor durante mis años en la escuela secundaria y una parte de mis años en la universidad, y de quien recibí un amor profundo por la predicación bíblica expositiva, ofició nuestra boda. La portada del programa (¡de veintiocho páginas!) decía:

Una celebración de matrimonio:
Una representación del amor redentor de Dios que guarda el pacto

Irradiar luz sobre esa representación, contar esa historia, es lo importante y la pasión de nuestras vidas, tanto individualmente como juntos.

Los primeros años de nuestro matrimonio implicaron muchos ajustes para los dos... más como un cambio sísmico para Nancy, quien nunca había estado casada. Hemos experimentado las alegrías y los retos de unir dos vidas, aprendiendo a amarnos y servirnos bien uno al otro, confiando en nuestro Padre amoroso que está escribiendo un guion que ninguno de nosotros pudo haber imaginado.

El Señor ha sido fiel en cada capítulo hasta aquí. Y sabemos que será fiel en cada capítulo venidero, que su gracia será suficiente adondequiera que nos lleve. Por encima de todo, nuestro deseo es que nuestras vidas muestren la belleza y la bondad de su historia.

El ministerio de Nancy produjo un corto vídeo sobre nuestro noviazgo y matrimonio. Lo llamaron "Gracia inesperada: La historia de Nancy y Robert".[3] Y así es como ambos describiríamos nuestra historia completa, a través de muchas vueltas y revueltas sorprendentes, desde nuestras infancias hasta toda esta temporada en que nos encontramos ahora.

Nunca deja de sorprendernos lo maravilloso de la gracia que Dios nos ha concedido día tras día, año tras año: rescatar, redimir, perdonar, bendecir, renovar, restaurar, ayudar, curar, liderar, animar, fortalecer, santificar, transformar y mucho más.

Comprendemos que en muchos sentidos nuestra historia es extraordinaria. Hemos sido los receptores de una herencia piadosa y de muchas otras bendiciones que no nos hemos ganado y por las que no podemos darnos mérito. Aunque nuestros caminos no han estado libres de sufrimiento, nos hemos salvado (hasta ahora) de muchas dificultades que otros han tenido que soportar. No somos más espirituales ni más merecedores que ellos.

No obstante, al final del día, es inútil y absurdo comparar historias. Dios es soberano. Sus caminos son insondables e inescrutables. Solo Él sabe completamente por qué hace lo que hace. Pero sabemos que todo lo que hace es útil, bueno y para nuestro bien. Esa es la idea central de este libro.

Mientras (Robert y Nancy) nos sentamos aquí hoy día, no sabemos qué nos deparará el futuro. Nuestra historia aún está escribiéndose, y Dios no nos ha dado información sobre cómo serán los próximos capítulos. Pero nuestra confianza está puesta en Aquel que tiene nuestro futuro en sus manos: "el iniciador y perfeccionador de nuestra fe" (Hebreos 12:2, NVI). Eso nos da libertad y paz, aunque no podamos ver lo que nos espera.

Al haber escuchado algunas de las dolorosas historias que nos han contado queridos amigos para este libro, no podemos dejar de preguntarnos qué caminos rocosos aún podríamos estar llamados a recorrer. (Sabemos que aparte de pruebas y tribulaciones es imposible llegar a ser como Jesús.) Podríamos enfrentar graves problemas de salud, la muerte del uno o el otro, y otras crisis conocidas solo por Dios.

Sin embargo, sabemos que el Señor ha sido fiel en cada capítulo hasta aquí. Y sabemos que será fiel en cada capítulo venidero, que su gracia será suficiente adondequiera que nos lleve.

No queremos decirle a Dios cómo escribir nuestra historia; confiamos en que la escriba por nosotros. Nuestro objetivo no es hacer un nombre, un ministerio o una reputación para nosotros mismos, sino servirle y terminar la carrera que Él ha marcado para que corramos.

Por encima de todo, nuestro deseo es que nuestras vidas muestren la belleza y la bondad de su historia.

CAPÍTULO 4

Puedes confiar en Dios cuando tu matrimonio está en problemas

*Experimentamos muy poco del gozo que nos sustenta
en el sufrimiento y de la esperanza que nos sujeta en
medio de sueños destrozados cuando llegamos al
Señor buscando la senda para salir de las dificultades
en lugar del sendero que nos lleva a su presencia.*

LARRY CRABB

Todo matrimonio empieza con esperanzas y sueños. Pero cuando a través del rechazo, la traición o el abandono se destruyen esas esperanzas y se hacen añicos los sueños, puede ser dolorosamente difícil confiar en el amor y cuidado providenciales de Dios. Si ese es el caso contigo, o con alguien que amas, las siguientes historias pueden servir como estímulo y recordatorio de que Dios es fiel y amoroso, suceda lo que suceda en tus relaciones cercanas.

"Carla y Michael" han estado casados por más de cuarenta años. Cuando empezaron, Carla estaba convencida de que Michael, un hombre con muchos recursos financieros, era su boleto a la felicidad. Pero las cosas no funcionaron de ese modo. Es más, Carla y Michael han estado

separados en tres ocasiones; dos de estas fueron consecuencia de las adicciones y el uso indebido de sustancias de parte de él.

Durante su segunda separación, a mediados de la década de los ochenta, Carla y Michael llegaron a la fe en Cristo. Pero la continua lucha de Michael con el uso indebido de sustancias siguió alterando el matrimonio. Y cuatro meses antes de su cuadragésimo primer aniversario se separaron por tercera vez. El corazón de Carla estaba destrozado: "Ya casi tengo sesenta y cinco años —confesó ella—. ¡Y no sé si podré aguantar esto otra vez!".

Diez años antes, Carla le había rogado a Michael que dejara de beber. Y durante diez años él le había mentido, bebiendo a escondidas de ella, festejando en secreto, perdiéndose sucesos importantes y reuniones familiares clave y enfermándose frecuentemente debido al exceso de alcohol. A efectos prácticos, Michael se había desentendido de su vida y matrimonio. Carla no podía confiar en nada que él dijera o hiciera, por lo que aprendió a vivir por su cuenta y hacer sus propios planes. No había más "nosotros" en el matrimonio.

En respuesta a la disfunción y el dolor, Carla reconoce: "Me convertí en una 'chica controladora'. Fue una lucha seguir confiando en que Dios obrara en nuestras vidas y nuestro matrimonio". Pero ella se aferró a la verdad expresada por el escritor Jerry Bridges: "Puesto que el amor de Dios no puede fallar, permitirá solamente el dolor y la angustia que son para nuestro bien definitivo".[1] A medida que comprendía la Palabra de Dios día tras día, su corazón fue alentado con las promesas divinas. Ella recuerda:

> Escribí una lista de todos esos versículos y la llevé conmigo, aferrándola a mi corazón, memorizándolos y confiando en que Dios haría lo que su Palabra dice. Comencé a confiar en Él por quién es, en lugar de confiar en Él por un resultado particular, como la sobriedad de mi esposo o un matrimonio restaurado.

Carla le pidió al Señor que le ayudara a desearlo por encima de todo lo demás, incluso más de lo que ella anhelaba a su marido, quien aún estaba en rehabilitación cuando comenzó la temporada navideña.

Estuvieron separados durante las fiestas y el cumpleaños sesenta y cinco de Carla. Ella lloraba todos los días, oleadas de profunda tristeza la rodeaban y algunos días se sentía desesperada e incluso insegura sobre el futuro de ambos. Carla pasó tiempo reflexionando en sus cuarenta años de matrimonio: las muchas luchas, dificultades, esperanzas y deseos frustrados, así como en los muchos momentos maravillosos. Después que Michael pasara tres meses en rehabilitación, ella y Michael comenzaron consejería juntos con un profesional piadoso. Carla oraba constantemente.

En el proceso, el corazón de la mujer siguió suavizándose hacia su esposo y aprendió a vivir el día a día, confiando en Dios cada mañana. En cierto momento me escribió:

> Puse mi situación delante del Señor, sabiendo que soy su hija, y oré: "Oh Señor, tú estás a favor del matrimonio. Esta situación está más allá de mí. Te la entrego para que hagas lo que solo tú puedes hacer, de modo que seas glorificado" (2 Reyes 19:15-19).

A través de los tiempos más difíciles, ella experimentó la cercanía y bondad del Señor:

> Me siento muy honrada por el cuidado íntimo que Dios me brinda, porque suple todas mis necesidades, porque prometió que nunca me dejaría ni me desampararía (Deuteronomio 31:6). Porque me llama por nombre y porque soy santa y muy amada ante sus ojos (Colosenses 3:12). Porque estoy segura en Él sin importar mis circunstancias. Porque Dios es mi gran recompensa (Génesis 15:1). Porque su amor satisface mis necesidades más profundas.

Durante lo que se convirtió en una separación de casi un año, hubo algunos días dolorosamente difíciles, pero también los hubo realmente placenteros... la clase de días que ella había dejado de esperar. Durante ese tiempo me compartió:

> En esta temporada, más que nunca antes, el Señor me ha acercado compasivamente a Él. Lo alabo por el sufrimiento y los aspectos que necesitan arrepentimiento y que sigue revelándome. ¡Sus misericordias son nuevas cada mañana (Lamentaciones 3:23)! Dios es restaurador y reparador (Rut 4:15; Isaías 58:12). Solo Él es digno de escribir mi historia.

> "¡Y estoy tratando de no ser una 'chica controladora'!", añadió con un emoticón sonriente.

Después de un año de sobriedad, Michael regresó a casa. Hace poco Carla me envió un mensaje de texto con una alentadora actualización:

> Mañana es nuestro cuadragésimo segundo aniversario, ¡y es emocionante! Estamos juntos solo por la gracia de Dios. Nuevo matrimonio. Mejor que nunca. Sinceramente, yo no creía que fuera posible tener este tipo de relación con Michael. Dios y mi nuevo esposo siguen asombrándome. El Señor me ha llevado a un descanso y una paz que no había experimentado nunca antes (Efesios 3:20).

Esta pareja ha presenciado el poder divino para convertir un desastre en milagro. Y Dios está dándoles un mensaje de gracia para comunicarlo a otros.

La historia de Michael y Carla aún está escribiéndose, igual que la nuestra y la tuya. Habrá más pruebas y dificultades en el futuro, a medida que sus vidas y su matrimonio se vayan moldeando a ser más como Jesús. Pero ellos han experimentado el poder del amor que guarda pactos para hacer nuevas todas las cosas. Esta pareja ha presenciado el poder divino para convertir un desastre en milagro. Y Dios está dándoles un mensaje de gracia para comunicarlo a otros.

"Raquel" (aún) no ha visto un milagro en el desastre de su matrimonio. Pero, al igual que Carla, a ella se le ha dado un mensaje de gracia. Raquel y *"Fernando"* se conocieron en la universidad en el sur de California. Ambos de hogares cristianos sólidos, se volvieron amigos por medio de un ministerio universitario. Se casaron la semana siguiente a su graduación.

Raquel soñaba con envejecer junto a Fernando, tener hijos y pertenecer ambos a un ministerio fructífero. Sin embargo, poco después de casarse, Raquel descubrió en Fernando un profundo nivel de ira que ella nunca antes había visto. Como "alguien muy infeliz", Fernando hacía caso omiso de Raquel, negándose perpetuamente a hablarle a ella o a las dos hijas que tuvieron, incluso durante las comidas, mientras vivían bajo el mismo techo. También se volvió obsesivamente controlador en cuanto a todo detalle de sus vidas, estallando en arranques de ira por cualquier razón insignificante o sin motivo alguno. Y, cuando no estaba trabajando, él pasaba prácticamente todo momento despierto en su sillón reclinable, con los ojos fijos en la televisión, cambiando compulsivamente canales para no perderse ningún evento deportivo.

Temerosa de despertarle ira, en lugar de confrontar los problemas Raquel tendía a no hablar de estos. No quería arriesgar el matrimonio que había soñado tener, ni la hermosa familia que anhelaba con desesperación.

Esto continuó durante años, con Raquel "tragándose" la ansiedad y ocultando a otros la verdad. Pero finalmente se dio cuenta de que tenía que ser sincera respecto al hecho de que su matrimonio estaba destrozado. Habló de su situación con un consejero sabio... un paso increíblemente emocional, pero también tremendamente liberador.

Alentada por el consejero, finalmente se armó de valor para abrir su corazón ante su marido, comunicándole con amor sus preocupaciones. Pero, como había temido, él se puso furioso y se fue, dejándola llorando en el suelo.

Todo este ciclo se repetiría una y otra vez durante sus veintiocho años de matrimonio. "No sabes que has creado un ídolo de tu esposo hasta que algo así sucede", nos dijo.

Finalmente, después de muchas sesiones de consejería e interminables esfuerzos unilaterales, el matrimonio de Raquel y Fernando terminó en un divorcio que ella no quería y que se había esforzado por evitar. Pero su matrimonio destrozado no es toda la historia de esta mujer, ni es el capítulo final.

Hoy día, Raquel libera diariamente a Fernando ante el Señor, determinada a no dejar que su pérdida le robe gozo y bienestar. Ora por él, por su sanidad y hasta, si el Señor lo permite, por la restauración del matrimonio. Y ella sigue sirviendo al Señor y a otros, incluso a sus hijas y sus familias. Los ritmos regulares de caminar, adorar, orar, alabar, sumergirse en las Escrituras, descansar, tener comunión con amistades piadosas, mantenerse en contacto con la iglesia e invertir en las vidas de otros, le ayuda a no hundirse en autocompasión, ira o desesperación mientras espera ver cómo Dios termina esta historia.

> Raquel sabe que las dificultades de esta vida son temporales, que los planes que Dios tiene para ella son buenos y que todo lo que ha estado atravesando es en preparación y adaptación para la eternidad con Él.

Con los años, las hijas han presenciado el quebrantamiento

y las lágrimas de Raquel, y han tenido sus propios dolores de cabeza con su padre. No obstante, aunque Raquel las apoya, se ha negado rotundamente a desprestigiar a Fernando delante de ellas. Al contrario, permite que escuchen las oraciones que hace por él. Felizmente, hoy día caminan con el Señor, están casadas con hombres piadosos y crían a sus hijos para que sigan a Cristo.

"No puedo atribuirme el mérito por dónde están hoy mis hijas —nos comentó Raquel—. No las he guiado porque yo sea fuerte, sino porque todos somos débiles, en desesperada necesidad de un Dios fuerte".

Sobre todo, Raquel se centra en Jesús. Ella ha experimentado profundo sufrimiento y rechazo, pero es una mujer de gran esperanza, completamente centrada en Dios y consciente de que Él no la desamparará. Dios le da la gracia para poner cada día un pie delante del otro y enfrentar el futuro dependiendo de Él, y hasta lo hace con gozo. Ella sabe que las dificultades de esta vida son temporales, que los planes que Dios tiene para ella son buenos y que todo lo que ha estado atravesando es en preparación y adaptación para la eternidad con Él.

Historias como las que acabas de leer nos recuerdan el gran peso del pecado y el egoísmo, nuestros o de otros, en las relaciones. A veces parece que a nuestro alrededor se extienden fragmentos de matrimonios destrozados. Pero luego nos topamos con alguien como **Lorna Wilkinson,**[2] cuya historia nos recuerda que la gracia y el poder de Dios pueden realmente restaurar vidas y hogares destruidos.

Yo (Nancy) conocí a Lorna en una iglesia de Houston, Texas, donde estuve predicando. Al final de una reunión se puso de pie y preguntó si podía compartir un breve testimonio. Durante los minutos siguientes todos quedamos maravillados, escuchando la asombrosa historia de gracia y redención de esta mujer.

Lorna y su esposo Pascal habían estado casados por veintiún

años, durante muchos de estos, él había sido un buen esposo y padre. Pero con el tiempo, igual que en la historia de Carla, el uso excesivo de alcohol por parte de Pascal devastó el hogar. Durante nueve años, Lorna vivió con promesas incumplidas, mentiras y el caos financiero causado por la bebida obsesiva y la irresponsabilidad crónica de él.

Lorna recuerda: "Ya no podía confiar en mi esposo. Me dejaba en el trabajo y luego se olvidaba de venir a buscarme. En ocasiones me dejaba allí por horas, hasta que, en última instancia, yo debía alquilar una habitación en un hotel cercano. Era una situación muy difícil. Aguanté hasta el punto en que, finalmente, dije: 'No puedo seguir más con esto. Tengo que marcharme'".

Lorna solicitó el divorcio y le pidió a su esposo que se fuera. Esto fue lo único que se le ocurrió hacer. Al necesitar su propio transporte, compró un vehículo usado de un amigo. La noche en que recogió el auto, la radio estaba sintonizada en una emisora cristiana. Lorna nunca había escuchado una radio cristiana, así que estiró la mano para cambiar la emisora. Pero cuando lo iba a hacer, vino sobre ella "una convicción", y no pudo tocar el dial. Por tanto, escuchó… todo el camino a casa.

La radio aún estaba encendida la mañana siguiente cuando Lorna condujo al trabajo, y esta vez se transmitía *Aviva Nuestros Corazones*. En la providencia de Dios, mi mensaje ese día era sobre el perdón. Yo hablaba del hecho de que el amor verdadero no guarda rencor (véase 1 Corintios 13:5). Lorna recuerda que mientras escuchaba, "se quebrantó por completo".

Después que terminó el programa, las palabras que había oído siguieron dándole vueltas en la mente. No podía dejar de pensar en ellas. Un par de días más tarde, mientras conducía del trabajo a casa, Lorna entregó su vida a Jesús.

Al recibir el perdón de Cristo, ella sabía que debía perdonar a su esposo. Pero no era fácil dejar ir todo el dolor que él había causado en ella y sus hijos.

> Yo despreciaba a Pascal. No quería que me tocara. No quería formar parte de esa relación. Así que oré: "Dios, tú conoces mi corazón. Y conoces mis sentimientos hacia mi esposo. Él no me agrada. No lo amo. Pero sé que tú me amas. Y te pido que permitas que tu amor fluya a través de mí".

Unos días después, Lorna recibió una llamada de Pascal en que le informaba que estaba muy enfermo. Todavía frustrada y enojada, ella contestó: "¿Por qué me llamas? ¿Por qué no llamas al número de urgencias?".

Pascal debió haber hecho eso, porque lo siguiente que ella escuchó fue que él estaba en el hospital. Había sufrido un ataque cardíaco. La familia se reunió en la sala de espera, sin saber si él sobreviviría.

En ese momento, Dios comenzó a suavizar el corazón de Lorna, quien sintió que Él le pedía: *Ve y susúrrale al oído de tu esposo que no debe preocuparse en cuanto a un lugar dónde vivir, que puede regresar a casa.* Por difícil que esto fuera, ella obedeció. Abriéndose cuidadosamente camino entre todas las máquinas y los tubos que estaban conectados a él, Lorna se puso a su lado y le susurró al oído: "Cariño, quiero que regreses a casa. Te amo. Solucionaremos esto".

Pascal se recuperó y regresó a casa. Algunos días más tarde, mientras él estaba sentado en el sofá de la sala, Lorna fue y se arrodilló frente a su esposo y le dijo: "¿Sabes, cariño? Con los años han sucedido tantas cosas hirientes en nuestras vidas que he perdido la confianza en ti. Pero quiero que sepas que te perdono".

Poco después ese día, en respuesta a la gracia que había recibido de parte de Lorna, Pascal rindió su vida a Cristo. La transformación que siguió fue impresionante, poco menos que milagrosa. En forma inmediata y extraordinaria, Pascal perdió su urgencia por beber y vino a su hogar una "restauración y recuperación total". Lorna recuerda que "empezamos como familia a tener reuniones de oración. Había flores, tarjetas postales y cenas tranquilas a la luz de las velas… cosas que muchas personas nunca experimentan en un matrimonio".

Cuatro meses más tarde, como a las cuatro de la mañana de un martes, Pascal despertó a Lorna, y le dijo tiernamente: "Mi amor, un hombre debe amar a su esposa con todo el corazón, el alma y la mente, como Dios nos ha amado. Quiero decirte en este momento que te amo de esa manera".

Esas fueron las últimas palabras que Lorna escuchó de su marido. Unas horas más tarde, mientras ella estaba en el trabajo, él tuvo otro ataque cardíaco masivo y fue a estar con el Señor. Y aunque ella todavía lo extraña, le agradece al Señor cada día por la gracia que derramó en su vida y matrimonio. Lorna declara:

> No sé dónde estaría hoy sin la gracia. Mi esposo probablemente habría muerto en algún lugar, y no habría habido perdón. Los niños no habrían sabido qué era tener el amor y el liderazgo de un esposo y padre en el hogar. Ellos experimentaron esto en una manera tan profunda que hoy día podemos regocijarnos como familia y recordar los tiempos maravillosos que el Señor nos concedió durante esos cuatro meses.

Dios creó el matrimonio para contar la historia de su asombrosa gracia y amor de pacto. No sorprende que el enemigo se esfuerce tanto por evitar que eso suceda. Pero el Espíritu Santo puede infundir esperanza, ayuda y sanidad en la vida de cualquier persona que esté dispuesta a dejarle escribir (o reescribir) la historia de su matrimonio.

Por supuesto, ninguna cantidad de esfuerzo, oración o fe puede garantizar que un matrimonio se restaure milagrosamente. Un cónyuge no puede controlar las decisiones del otro. Pero el amor y la misericordia de Dios se mantienen firmes sin importar el resultado. Y un esposo o una esposa que estén dispuestos a confiar y obedecer a Dios, incluso en medio de un matrimonio difícil o un divorcio no deseado, tendrán el gozo de acercarse a Cristo, recibir su gracia y reflexionar en la historia del evangelio del amor redentor de Dios.

CAPÍTULO 5

Puedes confiar en Dios cuando anhelas un cónyuge

Dios nunca nos niega el deseo de nuestro
corazón, excepto para darnos algo mejor.

ELISABETH ELLIOT

En 1968, cuando yo (Robert) era estudiante universitario, la banda australiana Three Dog Night lanzó una canción llamada "One" ("Uno"), compuesta por Harry Nilsson. La famosa letra proclamaba que el número uno es "el más solitario" que una persona puede experimentar alguna vez.

Esa canción estuvo cerca de la cima de las listas de éxito en su época y continuó sonando a lo largo de décadas, interpretada por una cantidad de artistas y presentada en las bandas sonoras de algunas películas y programas de televisión muy conocidos. ¿Por qué la canción siguió sonando? Creemos que se debió a que expresa un sentimiento profundo conocido por muchos, incluso por gran cantidad de nuestros queridos amigos que esperan que Dios cumpla los anhelos que tienen respecto a un cónyuge.

La difunta misionera, escritora y conferencista Elisabeth Elliot describió una vez el sufrimiento como "tener lo que no quieres o querer lo que no tienes".[1]

Las personas cuyas historias publicamos en el capítulo anterior saben qué es tener lo que no quieren, dolor y disfunción en sus matrimonios, la relación humana más íntima. Esa clase de sufrimiento puede ser parte de tu historia.

O podrías estar sufriendo de una manera diferente, anhelando algo que Dios no ha decidido darte: el regalo del matrimonio. Quizás nunca te hayas casado. O tal vez estés nuevamente solo o sola al haber perdido el cónyuge por muerte o divorcio.

Es tentador para quienes están en un matrimonio infeliz pensar que estarían mejor si no se hubieran casado con su cónyuge particular… mientras que aquellos que anhelan casarse sienten a veces que estarían realizados si solo tuvieran un cónyuge.

Desde la más tierna infancia nos han condicionado a través de la cultura pop y de muchas otras influencias a creer que hay un príncipe para cada princesa y que el amor, el romance y el matrimonio equivalen a "vivieron felices para siempre". Solo piensa en todas esas películas y comedias románticas de Disney que describen el matrimonio como el objetivo final y la soltería como un destino del cual se nos debe rescatar.

Cuando la vida real no resulta ser un cuento de hadas o una comedia romántica, la carga de esperanzas y expectativas no satisfechas puede ser abrumadora. A lo largo de los años, muchas mujeres me han compartido (a Nancy) sus luchas con confiar en Dios cuando se trata del amor de la vida:

- "Tengo cincuenta y dos años, nunca me he casado. ¿Sabe Dios qué es lo mejor para mí? Apenas sobrevivo bajo el peso aplastante de la soledad. Estoy cansada de mi ira y amargura. Todos mis amigos, hermanos menores y una amiga atea, incluida, han estado felizmente casados durante décadas y tienen hijos adultos. Mi madre piadosa oraba durante décadas para que yo encontrara un hombre cristiano. Ella murió sin llegar a ver contestada su oración. No lo comprendo".

- "Quiero creer que Dios tiene un plan para mí y que por eso es que estoy soltera. Pero me resulta difícil mirar hacia el futuro. No entiendo por qué tantas mujeres son bendecidas con familias y esposos. ¿Las ama Dios más a ellas?".

La misma Elisabeth Elliot experimentó temporadas de matrimonio intercaladas con épocas de soledad.[2] Se quedó viuda la primera vez a los veintinueve años, después de solo veintisiete meses de matrimonio, cuando a su esposo Jim lo mataron brutalmente con lanzas mientras servía a Cristo en Ecuador. Elisabeth quedó con una bebita de diez meses. Casi tres años después, Elisabeth regresó con su pequeña niña rubia, a la misma aldea en las estribaciones de los Andes (en la selva amazónica) donde su esposo fue asesinado para comunicar la historia del amor y el perdón de Dios al pueblo huaorani. Ella permaneció con los huaorani durante dos años y luego continuó como misionera para otra tribu antes de regresar a los Estados Unidos.

Tras nueve años como viuda y madre sola, Elisabeth se volvió a casar solo para que su segundo marido muriera de cáncer cuatro años después. Tras cuatro años más se casó con su tercer esposo, quien la sobreviviría. Durante toda su vida llena de incidentes, Elisabeth aprendió lo que significaba confiarle a Dios lo que parecía inexplicable, cuando lo que ella recibió no fue lo que había pedido o esperado.

Contamos con la bendición de tener muchas amigas cuyas vidas, al igual que la de Elisabeth, demuestran con gran hermosura lo que significa confiar en Dios durante una larga temporada de soltería; esto ocurre, no sin pruebas y a veces luchas, sino de una manera que ejemplifica la bondad y el amor de nuestro Padre. En las páginas siguientes daremos tres ojeadas a las experiencias de estas mujeres.[3]

Desde niña, *"Cassandra"* soñaba con casarse algún día. Una vez que se graduó de la escuela secundaria supuso que ese sería el siguiente paso, como ocurrió con muchas de sus amigas. Pero los años pasaron y ella aún no se ha casado.

Ahora, con más de cincuenta años, a Cassandra a veces le cuesta encontrar temas de qué hablar en reuniones familiares o funciones de la iglesia ... sin esposo ni hijos. Ver sobrinos y sobrinas casados y con hijos también ha sido difícil en ocasiones. Aunque se siente auténticamente feliz por ellos, esa clase de noticia puede ocasionarle dolor en el corazón: el sentimiento de "me perdí esto" o "me quedé atrás".

Los retos de la soltería y los anhelos insatisfechos en Cassandra a menudo se han centrado en la ansiedad de estar sola, en la sensación de pérdida o de haberse quedado atrás, y en las inquietantes dudas sobre la autoimagen que la llevan a preguntarse: *¿Hay algo malo en mí?* (Que conste, ella es una mujer increíble, encantadora y llena de gracia).

Cassandra siempre ha anhelado que un hombre piadoso la busque, pero hasta el momento eso no ha ocurrido mucho. Ha tenido breves salidas con algunos hombres que la han invitado, pero que no han

> ¿Cómo trata Cassandra con los anhelos insatisfechos que aún tiene en su corazón? Ella decide buscar lo bueno de cada día en lugar de enfocarse en lo que cree que le falta. "Se me ha dado el día de hoy para demostrar que Dios es suficiente", afirma. Y Él lo es.

parecido interesarse particularmente en aspectos espirituales, algo no negociable para ella. Cuando las relaciones terminaban, amistades y familiares cuestionaban si Cassandra era demasiado exigente. Pero en cada caso se confirmó la cautela que sentía, y le agradece al Señor por haberla protegido de que se implicara o se casara con alguien que no tenía el mismo amor de ella por Cristo.

Por tanto, ¿cómo trata Cassandra con los anhelos insatisfechos que aún tiene en su corazón? Ella responde: "Aconsejar a mi corazón según la Palabra de Dios', parece la respuesta perfecta de escuela dominical. Pero es verdad; funciona". Cassandra ha aprendido a lo largo de los años que hablar con Dios cuando está sola, abrumada, celosa o temerosa le produce consuelo y dirección.

Ella decide buscar lo bueno de cada día en lugar de enfocarse en lo que cree que le falta. "Se me ha dado el día de hoy para demostrar que Dios es suficiente", afirma. Y Él lo es.

Hemos visto a esta mujer sirviendo a su familia, sus amigos y otras personas. Es una luz brillante dondequiera que Dios la ubica, una fuente firme de aliento para nosotros y para muchos otros. Y mantiene su mirada fija en Cristo y en la eternidad que pasará como su novia.

Postdata: Cuando la edición en inglés de este libro estaba a punto de publicarse, un viudo piadoso inició una relación con Cassandra. Nos regocijamos con ella porque se ha despertado el amor en su corazón. Parece que el Señor está en el proceso de cumplir el deseo de su vida de casarse, un regalo que le entusiasma, pero que también sabe que nunca será tan valioso como el don eterno y omnipresente de su amor. Es dulce ver cómo esta querida amiga sigue confiando en Dios para escribir su historia.

Con solo dos años de diferencia, **Bethany Baird (ahora Beal)** y su hermana mayor Kristen eran las mejores amigas. Pero cuando

Kristen anunció su compromiso con Zack, Bethany supo que la dinámica relación entre ellas cambiaría. Pronto Kristen sería una mujer casada, y Bethany seguiría siendo soltera.

Sin embargo, Bethany no estaba realmente preocupada. Supuso que las campanas nupciales le llegarían en uno o dos años. Pero, en lugar de eso, ella seguiría soltera los siguientes siete años.

Durante ese tiempo, la mayoría de sus amigas se casaron y empezaron a tener bebés. Ella asistió a docenas de bodas y compró vestidos de dama de honor para muchos de esos matrimonios. Organizó varias bodas y también fiestas para futuros bebés, todo como mujer soltera, preguntándose si alguna vez iba a venir su gran día. Sentía como si las vidas de los demás avanzaran y la de ella se quedaba atrás.

Enfrentar sus expectativas románticas insatisfechas fue difícil para Bethany. No le gustaba la idea de no estar casada. No quería asistir a grupos de solteros, asistir a innumerables citas o tener que buscar acompañantes para todas esas bodas. Quería un hombre para ella. Y lo quería lo antes posible.

Sin embargo, al mirar atrás, Bethany cree que ese tiempo de soltería fue parte del plan perfecto y bueno de Dios para ella, aunque ese plan no la colocara en el altar de bodas tan pronto como había esperado.

Durante esos años, a Bethany la conmovió una observación oportuna que leyó en el libro de Nancy titulado *Sea agradecido*:

> He aprendido que en cada circunstancia de mi vida, puedo decidir responder de una de las siguientes maneras: Me puedo *quejar* o ¡puedo *alabar*![4]

Bethany tomó en serio el consejo de Nancy y este le cambió la manera de pensar, especialmente durante la "temporada de bodas" en primavera y principios de verano. Cuanto más se negaba a quejarse y más se enfocaba en adorar a Cristo, más podía regocijarse con otras personas cuando Dios las bendecía con buenas dádivas.

No obstante, confiar en Dios con su propia historia de amor no siempre fue fácil para Bethany. Podía confiar en Él respecto a los recorridos de otras personas, y podía ver que Dios dirigía y obraba en esas vidas. Pero con frecuencia cuestionaba la obra del Señor en ella. Finalmente, Bethany comprendió que debía tomar en serio aprender a confiar en Dios. Escudriñó las Escrituras y se dio cuenta de que Dios es realmente el mismo ayer, hoy y siempre. A este Dios, que siempre ha sido fiel con sus hijos, en realidad se le puede confiar cada detalle de nuestras vidas, ahora y por siempre.

Esta nueva perspectiva fue un gran elemento de cambio para Bethany que la liberó para florecer durante esos años de soltería y disfrutar de todo lo que Dios quería para ella en esa etapa. En vez de esperar un marido, ella empezó a dedicar su corazón y su tiempo a servir al Señor y a otros. Primero comenzó a asesorar y discipular a mujeres jóvenes y tomó en serio el servicio en su iglesia. Luego ella y Kristen cofundaron GirlDefined Ministries y empezaron a escribir libros conjuntamente. Al quitar la mirada de sus propias necesidades y enfocarse más en las de los demás, concentrándose en usar su vida para servir a Cristo, Bethany descubrió real contentamiento y satisfacción como mujer soltera.

Entonces, en su providencia, Dios trajo a la vida de Bethany un hombre que la ama mucho… y que ama aún más al Señor. Qué alegría fue para mí (Nancy) observar el satisfactorio recorrido de esta pareja y unirme a miles de otras personas que observamos la transmisión en vivo de la boda de esta mujer, solo un mes después de cumplir treinta años, con David Beal.

Antes que Bethany se casara, en una publicación de blog para Aviva Nuestros Corazones dio a conocer sus sentimientos al escribir acerca de cómo sobrevivir a la temporada de bodas como mujer soltera. Concluyó de esta manera:

> Sea que tengas diecinueve, veinticinco o treinta y nueve
> años, es posible crecer mucho durante la temporada de

bodas. Gozosas por nuestras amistades que están casándose y llenas de fe en el plan de Dios, pongámonos esos vestidos de fiesta, compremos esos regalos de bodas, firmemos esos libros de invitados y comamos ese pastel.[5]

Hoy día Bethany acepta con gratitud el regalo del matrimonio, confiando en Dios cualquier plan que le tenga en los días venideros, algo que aprendió por primera vez al confiar en que Él le escribía la historia cuando aún era soltera.

"Katie" es una de nueve hermanos, cinco de ellos están casados. Hasta ahora ella tiene trece sobrinos y sobrinas.

Aunque tiene treinta y tantos años, Katie nos dijo que a veces se ha sentido como una adolescente inmadura que hace oraciones como: "¡Dejas que todos tus demás hijos tengan acompañantes! ¿Por qué no me lo permites?". Pero en su corazón ella sabe que su vida está en manos de Dios, y que seguramente Él puede darle un esposo algún día si quiere hacerlo. "Dios tiene sus razones —afirma Katie—. Se puede confiar *absolutamente* en que Él está escribiendo nuestras historias".

La joven confesó que a veces se ha sentido tentada a deshacerse de todo y simplemente salir con el próximo chico guapo que le hable en un restaurante. Pero el corazón y la imaginación de Katie están cautivados por algo mucho más hermoso. "El gran sí a Jesús siempre me obliga a

> "Dios, sé que podrías traerme un esposo al campo misionero; sin embargo, aunque no lo hicieras, aunque fuera a estar sola el resto de la vida aquí en la tierra, aún confío en ti. Todavía acepto el compromiso. Sigues siendo digno". (Katie)

echarme para atrás", añadió ella con su calidez característica y el rostro brillante. Luego citó las palabras de Juan 6:68 como suyas: "Señor, ¿a quién iré? Tú tienes palabras de vida eterna".

Katie trabajó durante varios años como diseñadora gráfica en una organización sin ánimo de lucro. Fue en ese tiempo que llegó a experimentar la realidad del evangelio y el amor de Cristo de una manera totalmente nueva. Él le cambió radicalmente los deseos y las aspiraciones, y le dio un corazón para ministrar

> No podemos prometer que Dios cambiará tu situación, al menos no todavía. Pero podemos asegurarte que Él te ama... te ama profundamente, con el amor firme del Señor, un amor que nunca falla.

a aquellos que están marginados y que necesitan desesperadamente el amor y la gracia del Señor. Finalmente, Katie avanzó en fe, obtuvo su propio respaldo financiero y se mudó a un país cerrado al evangelio, donde ahora sirve en medio de un grupo de personas no alcanzadas, buscando amar a otros y llevarlos a Cristo.

Firmar un compromiso de más de cuatro años en un país extranjero fue una prueba nueva. Al hacer cálculos, Katie se dio cuenta de que, antes de regresar a los Estados Unidos, podría encontrarse fuera de sus años fértiles.

> Esta fue la primera vez que recuerdo haber preguntado: "Dios, ¿estás pidiéndome soledad para toda la vida?", y me sentí triste. Pero años de experimentar la fidelidad divina en sueños grandes y pequeños me llevan a expresar: "Dios, sé que podrías traerme un esposo al campo misionero; sin embargo, aunque no lo hicieras, aunque fuera a estar sola el resto de la vida aquí en la tierra, aún confío en ti. Todavía acepto el compromiso. Sigues siendo digno".

Anhelo (Nancy) que cada una de mis amigas solteras acepte plenamente la convicción que ha demostrado ser de apoyo en los corazones de Cassandra, Bethany y Katie durante su etapa de soltería prolongada, como lo fue en la mía: Dios es bueno y puedes confiar en Él para escribir tu historia.

Podrías estar pensando: *Bueno, es fácil para ti decirlo. Dios te concedió un marido. ¡Pero no me ha dado el mío!*

He aquí lo que sé. Durante mis cincuenta y siete años como mujer soltera, tuve mis momentos de soledad y de anhelar una compañía más íntima. Pero también experimenté dulce contentamiento, gozo y productividad a medida que aprendía a confiar en que Dios dirige mi vida, suple mis necesidades y camina conmigo a través de los retos de esta etapa . Ahora que estoy casada sé que Cristo (no mi esposo, por precioso que sea) es mi mayor bien, mi esperanza inquebrantable, y que puedo confiar en Él en cualquier cosa que pueda contener este capítulo de mi vida.

Durante trece años (a partir de los sesenta y tres), Elisabeth Elliot dirigió "Gateway to Joy", un programa radial diario de alcance nacional. Ella abría cada transmisión con las mismas palabras iniciales:

> *"Eres amada con amor eterno".*
> *Eso es lo que la Biblia dice.*
> *"Y siempre te sostiene entre sus brazos".*
> *Esta es tu amiga Elisabeth Elliot…*

Estas palabras proporcionaron perspectiva y consuelo para sus oyentes, tanto casadas como solteras.

Podrías tener anhelos insatisfechos por un cónyuge, o encontrarte en un matrimonio lleno de problemas en que sientes soledad. No podemos prometer que Dios cambiará tu situación, al menos no todavía. Pero podemos asegurarte que Él te ama... te ama profundamente, con el amor firme del Señor, un amor que nunca falla.

Quizás anheles estar en brazos de alguien que se preocupe realmente por ti y se comprometa con tu bienestar. Los brazos eternos de Dios te sostienen y te rodean, te llevan y te cuidan.

¿Ansías un amigo que te conozca y desee estar contigo? En Cristo tienes el Amigo más querido que un alma podría tener, uno que camina contigo hoy y que será tuyo por toda la eternidad.

CAPÍTULO 6

Puedes confiar en Dios cuando tienes presiones financieras

Dios es un Padre sabio que a veces te niega lo que quieres para darte lo que necesitas.

H. B. CHARLES, JR.

*E*l jueves 28 de febrero de 1992, una llamada telefónica sonó a través de las centralitas (¿las recuerdas?) en la empresa editorial que yo (Robert) tenía con mi socio comercial Michael Hyatt. La llamada era de un amigo... quien también resultó ser el director ejecutivo de una compañía con la que nuestro negocio estaba en deuda.

—No deseo hacer lo que estoy obligado a hacer —declaró con vacilación—. Pero soy un hombre bajo autoridad y no tengo otra alternativa.

Mi corazón se aceleró. Esta no parecía que sería una conversación alegre.

No lo fue.

—Exigimos el pago total e inmediato —fueron las siguientes palabras que escuché.

Eso fue todo. Su compañía era subsidiaria de una empresa más grande, y le habían dado "órdenes de la oficina central" de finiquitar el negocio que habíamos empezado cinco años antes.

—¿Estás seguro? —pregunté después de un corto silencio.

—Sí.

Con la esperanza de conseguir algún tiempo para pensar y procesar la situación, pregunté si podíamos hablar por la mañana siguiente a fin de confirmar absolutamente esta noticia. Quería estar seguro de que esto estaba sucediendo de veras antes que Mike y yo informáramos a nuestro personal. Mi amigo estuvo de acuerdo y prometió hablar con sus superiores una vez más.

Me dirigí a la puerta de mi oficina y la cerré. Luego me senté en el suelo al lado de mi escritorio y lloré. Había terminado el sueño que fue nuestro negocio. Y ya que todo lo que yo poseía estaba hipotecado en este negocio, ahora enfrentaba la posibilidad de perderlo, junto con la inseguridad y la vergüenza de no haber podido subsistir.

Yo no quería confiar en Dios en ese momento. No quería creer que Él sabía lo que era mejor. Lo que yo quería era compasión, y tal vez incluso venganza. No habíamos manejado nuestro negocio de manera perfecta, pero tampoco merecíamos esto.

> En medio de todo vimos a Dios proveyendo, de manera extraordinaria, para nosotros y para nuestro personal.

Aturdido, me levanté y recorrí el pasillo hacia la oficina de Mike. Abrí la puerta sin tocar, entré y le di la noticia. Él se puso de pie en forma espontánea como levantándose en reverencia cuando pasa una procesión fúnebre. Esta era una noticia que no podía recibirse sentado.

Después de eso pasamos un tiempo juntos, tratando de imaginar cómo reaccionar. Al principio hubo enojo. Luego incredulidad. Después resignación. Y, finalmente, en medio de las lágrimas, nos atrevimos a confiar en Dios… a creer que Él estaba escribiendo una historia. Desde luego, en ese momento no podíamos comprender por qué la trama se desarrollaba de ese modo. Pero, aunque no podíamos imaginar cómo terminaría todo, sabíamos que, en última instancia, sería algo bueno, porque Dios es bueno y todos sus caminos son buenos.

Esa llamada vino en mi cuadragésimo cuarto cumpleaños. La clase de adultos al que yo enseñaba cada semana en la escuela dominical me había dado una tarjeta de regalo para ir a un buen restaurante en el centro de la ciudad. Así que mi esposa Bobbie y yo fuimos esa noche a celebrar mi cumpleaños... y a hablar de la noticia que acababan de darme.

Ni una sola vez esa noche, ni en los meses difíciles que siguieron, Bobbie me denigró ni reprendió. Yo estaba indefenso, y ella fácilmente pudo haber quebrantado mi espíritu. Ella era muy consciente de que Mike y yo habíamos invertido todo lo que teníamos en ese negocio. Pero Bobbie nunca me manifestó: "Te lo dije" o "Tomaste todo nuestro dinero y lo malgastaste". El apoyo y el ánimo que me dio en ese tiempo fueron un gran regalo y un canal de la gracia de Dios para este hombre herido.

A la mañana siguiente fui a la oficina. Después de confirmar con el director ejecutivo que la situación no había cambiado, Mike y yo convocamos a nuestro equipo para explicarle que estábamos cerrando el negocio y que oficialmente todos estaban desempleados. Luego nos pusimos en la tarea de hacer lo que debíamos a fin de aguantar los próximos meses.

Al no poder pagar la hipoteca, Bobbie y yo vendimos nuestra grande y encantadora casa de ensueño y nos mudamos a una vivienda alquilada. Debido a que no podíamos cumplir con los pagos de nuestro segundo auto, lo devolvimos al concesionario. Sacamos a nuestra hija mayor de la facultad privada y acortamos seriamente el presupuesto para su próxima boda.

Y por imposible y antinatural que sentíamos todo esto, en los días siguientes Mike y yo recordamos y aceptamos la fidelidad de Dios. Hicimos todo lo posible por cumplir amablemente con las exigencias de la compañía que nos había clausurado. Nuestro personal limpió sus escritorios y se dirigió a la oficina de desempleo. Solo unos días después, la compañía envió sus representantes con un camión para llevarse nuestros muebles y computadoras. A pesar de todo, intentamos apoyarnos en lo que sabíamos que era cierto respecto a Dios y sus caminos, aunque en ese momento tanto el presente como el futuro parecían sombríos.

Toda la experiencia fue muy humillante. A veces me sentía oprimido por la duda y el miedo. Pero en medio de todo vimos a Dios proveyendo, de manera extraordinaria, para nosotros y para nuestro personal.

Vimos a nuestras familias y al cuerpo de Cristo reunirse para animar y ayudar. Alguien de nuestro personal, por ejemplo, era madre soltera. Cuando se supo la noticia de que ella había perdido su trabajo, sus amigos recolectaron dinero y compraron ropa para su hija preadolescente. Un día, Bobbie y yo llegamos a casa y descubrimos varias bolsas de comestibles en la puerta trasera, dejadas allí por una amistad anónima que se enteró de nuestra necesidad y quiso ayudar. Uno de mis hermanos me llamaba con frecuencia para reportarse y asegurarse de que estábamos bien, lo que llevó nuestra relación a un nuevo nivel.

Y, en la providencia de Dios, la pérdida demostró ser un catalizador para redirigir vocacionalmente mi vida. Mike

> Dudo que alguna vez hubiera escrito seriamente alguna palabra de no haber sido por la llamada inesperada y no deseada que recibí en mi cuadragésimo cuarto cumpleaños. Todo sucedió en el tiempo perfecto de Dios y de acuerdo con su manera confiable de escribir. (Robert)

y yo empezamos una compañía nueva, una agencia literaria. Seis años después compré su parte y él regresó a la vida corporativa, donde finalmente surgió hasta convertirse en director ejecutivo de la empresa y luego en autor afamado y gurú en productividad.

En cuanto a mí, ser agente literario ha sido un verdadero regalo del Señor. Además de proveer para mi familia a través de este negocio (¡sin deudas!), el Señor me ha concedido el privilegio de acompañar a cientos de escritores para ayudarles a convertir en libros publicados los mensajes que tienen en sus corazones. Es más, el negocio de la agencia creó margen en mi horario a fin de seguir otros sueños y esfuerzos ministeriales.

En 1996 escribí el primero de más de veinte libros hasta ahora, en que comparto ánimo y perspectivas para padres de hijas. Dudo que alguna vez hubiera escrito seriamente alguna palabra de no haber sido por la llamada inesperada y no deseada que recibí en mi cuadragésimo cuarto cumpleaños. Todo sucedió en el tiempo perfecto de Dios y de acuerdo con su manera confiable de escribir.

Incluso ahora, casi treinta años después, mis ojos se llenan de lágrimas al pensar en lo dolorosa que fue toda esta experiencia. Pero también me siento abrumado por lo fiel y bondadoso que ha sido mi Padre celestial y lo agradecido que estoy por su liderazgo en mi vida. En retrospectiva, sabiendo lo que sé ahora (y comprendiendo que hay mucho que todavía no sé), no elegiría reescribir una sola escena de esta historia.

La historia de mi familia (de Nancy) también incluye un capítulo sobre una importante pérdida económica. Ocurrió durante mi segundo año en la preparatoria. Según querría el Señor, ese fue el año en el que tomé una clase sobre culturas mundiales impartida por Roy Parmelee. El "entrenador Parm", como se le conocía cariñosamente, también dirigía el baloncesto masculino. Más importante aún, entendía y enseñaba historia desde una perspectiva cristiana del mundo.

A medida que estudiábamos auge y caída de naciones, dos guerras mundiales, personajes clave que influyeron en sus épocas y sistemas de fe que conformaron el curso de la historia, mi corazón se arraigaba profundamente en la convicción de que el Dios soberano del universo reina tanto sobre los grandes acontecimientos de la historia mundial como en los detalles más minuciosos de su creación.

Este no era un concepto teológico nuevo para mí, ya que crecí saturada de Escrituras en casa, la iglesia y el colegio cristiano. Pero ahora estaba viendo cómo funcionaba la soberanía de Dios en el panorama de la historia mundial, y la visión era espectacular para mi joven corazón. Nunca volvería a ver este mundo, o mi mundo, con los mismos ojos. Supe sin ninguna duda que "este es el mundo de mi Padre".

Durante ese mismo año escolar, a través de una serie de circunstancias difíciles por las que mi familia atravesó, yo experimentaría de primera mano el consuelo, la tranquilidad y la confianza que vienen de saber que el cielo gobierna y que un Dios sabio, bueno y soberano participa íntimamente en cada capítulo de nuestras vidas.

El negocio de mi padre estuvo bajo feroz ataque todo ese año. A él se le había ocurrido vender seguros de salud y de vida directamente a los consumidores, sin pasar por los agentes. Sin embargo, aunque la comercialización directa de seguros ahora es común, en la década de los setenta era algo mal visto en la industria. El organismo regulador en el Estado de Pennsylvania hizo todo lo posible por cerrar el negocio de papá, y durante un tiempo pareció que tendrían éxito. Papá prevaleció en última instancia, pero no antes que sus adversarios casi lograran diezmar tanto su negocio como su patrimonio neto personal.

Pese a todo esto, Art DeMoss nunca entró en pánico. Nos había enseñado que todo lo que tenemos viene de Dios y le pertenece a Él; que Dios es la fuente de toda bendición material, no un negocio, algún tipo de inversión, el mercado de valores, ni la economía sana.

Papá reconocía que no merecemos ninguna dádiva buena de Dios y que Él, como el dueño de todo, tiene el derecho no solo de dar, sino también de quitar, si eso le place.

Esta prueba no fue la primera vez en la que mi padre debió experimentar la necesidad de confiar en Dios con relación a las finanzas. De niña recuerdo haber escuchado decir que cuando papá se convirtió en creyente en 1950, dos semanas antes de cumplir veinticinco años, debía decenas de miles de dólares (el equivalente a cientos de miles de dólares actuales). Y eso sucedió a pesar del hecho de que él estaba acostumbrado a trabajar siete días y cinco noches por semana en la puesta en marcha de su negocio.

Al igual que muchos empresarios, papá tenía la idea de que él era indispensable para su empresa y que, si se ausentaba durante uno o dos días, regresaría para descubrir que todo había desaparecido. ¡Así que hacía todo lo posible por estar siempre presente! Si tenía que salir incluso por algunas horas, llamaba con frecuencia a la oficina para asegurarse de que todo estaba bien. Pero algo cambió una vez que decidió entregar su vida a Dios. Así lo explicó más adelante:

> El Señor me salvó y prometió suplir todas mis necesidades… Puedo atestiguar para la gloria de Dios que, a pesar de mi frecuente infidelidad, Él siempre ha sido más que fiel. Primero me sacó de las deudas poco después de mi conversión… No necesité trabajar día y noche, ni domingos como en el pasado. Lo único que debí hacer fue poner primero a Dios.[1]

Durante el resto de su vida, Art DeMoss puso a Dios en primer lugar. Pero eso no significó que Dios le evitara angustias y dificultades.

El revés comercial que pasó cuando yo estaba en décimo grado fue solo uno de varios apremios que nuestra familia enfrentó en ese tiempo. Durante el año anterior, mi madre había experimentado graves complicaciones antes de dar a luz a mi hermana menor, la séptima en nuestra familia.

Nueve meses más tarde, la noche antes que comenzara un nuevo año escolar, se produjo un incendio en nuestra casa en medio de la noche, mientras doce personas dormíamos dentro. Milagrosamente, todos nos salvamos, pero la casa sufrió grandes daños. Debimos alojarnos brevemente en casas de amigos hasta tener otra vivienda a nuestra disposición.

Luego, al final de ese mismo año escolar, mi madre se sometió a una cirugía para extirpar un tumor cerebral potencialmente mortal, que le había estado creciendo durante una década sin que se lo descubrieran. Gracias a Dios se recuperó, aunque con problemas permanentes de equilibrio y pérdida total de audición en un oído.

> **Mientras observaba a mi padre capear ese período de tormentas implacables, vi un hombre que asombrosamente estaba en paz. Aunque ola tras ola golpeaban nuestra familia, el corazón de papá estaba firme, anclado en la soberanía y providencia de Dios. (Nancy)**

Mientras observaba a mi padre capear ese período de tormentas implacables, vi un hombre que asombrosamente estaba en paz. Aunque ola tras ola golpeaban nuestra familia, el corazón de papá estaba firme. Mientras atravesaba una adversidad tras otra, incluso antes de saber el resultado, ejemplificaba constantemente lo que significaba ofrecer un sacrificio de alabanza.

Anclado en la soberanía y providencia de Dios, pudo estar tan agradecido y sereno en tiempos de gran pérdida como había estado en tiempos de grandes beneficios.

El ejemplo de mis padres en esta época, junto con la clase de culturas mundiales del entrenador Parm, fueron para mí como un curso de teología para principiantes, de un año de duración. Lo que obtuve de esas lecciones no fue un dogma seco empaquetado en algún libro muerto de texto, sino una fe viva, palpitante y vibrante en el Dios que reina sobre cada parte y partícula de su creación, que cuida con ternura a los suyos y que siempre consigue sus propósitos redentores eternos en este mundo.

Tanto Robert como mi padre experimentaron lo que es confiar en Dios frente a una pérdida económica catastrófica. Mi viejo amigo **Mike Neises** tiene otro tipo de historia. Durante más de veinte años, él y su esposa **Chris** han confiado en que Dios les provee su "pan de cada día" de una manera diferente a la mayoría de personas.

Aunque Mike tiene cuarenta y tantos años, es un creyente bastante joven que después de haber alcanzado una posición administrativa de responsabilidad en una empresa familiar en el norte de Indiana, comenzó a sentirse inquieto y con deseos de participar más en el ministerio. Él y Chris empezaron a orar: "Señor, estamos disponibles para lo que quieras que hagamos".

En los dos años siguientes, el Señor organizó una serie de circunstancias que finalmente resultaron en que Mike dejara su trabajo "seguro" en el mundo empresarial para asumir una posición en el ministerio en que hemos servido juntos desde 1997. Esta decisión conllevaría un recorte salarial significativo. No consiguió el nivel más alto de ingresos que había tenido en su trabajo anterior hasta que pasaron diecisiete años en el ministerio. Además, él y Chris también se hicieron responsables de recaudar parte de su apoyo mensual, como hacen muchos misioneros.

En la época en que comenzaron este proceso tenían tres hijos adolescentes. La primera vez que hablaron de esta decisión con sus amigos y familiares (muchos de los cuales no eran creyentes), hubo quienes creyeron que estaban siendo tontos y que era irresponsable arriesgar un buen trabajo. Algunos se preguntaron en voz alta cómo Mike y su esposa irían a proveer para su familia.

Como a los dos años en el proceso de recaudar fondos, mientras todavía trabajaba en su empleo en la industria, Mike tuvo una crisis. Profundamente desanimado y haciendo un progreso mínimo, se reunió con su pastor para buscar consejo: "¿Seguimos adelante?".

La respuesta del pastor lo sustentó en ese período sombrío: "Dios rara vez se adelanta, pero nunca se atrasa".

Poco después de esa conversación, la empresa de Mike se vendió y el nuevo equipo directivo hizo cambios que le dieron a Mike el empujón que necesitaba para tomar la decisión, dar un paso adelante en fe y pasar a su nuevo papel en nuestro ministerio, donde ha sido un siervo increíble y valioso para nuestro equipo de liderazgo.

No mucho tiempo después, el Señor confirmó su compromiso de proveer para esta familia en una manera sorprendente y constructiva. Brian, su hijo mayor, había pasado un año sabático después del colegio sirviendo en un hospital de misioneros en Bangladesh en preparación para la universidad, cuando Mike se unió a nuestro ministerio.

Brian había enviado una única solicitud a una institución, una universidad cristiana de artes liberales a la que sentía firmes deseos de asistir a fin de prepararse para enseñar internacionalmente. Con los ingresos reducidos de Mike, esa institución ahora parecía imposible de costear. Pero un mes antes del inicio de las clases, la universidad llamó e informó a Chris que acababan de establecer una nueva beca para alguien que deseara ser profesor, y le pedían permiso para someter a consideración el nombre de Brian.

Brian no había solicitado la beca. Ni siquiera sabía que existía. Pero, por supuesto, la familia dio permiso para que su hijo fuera considerado. Y una semana más tarde, Chris recibió otra llamada en la que le hacían saber que su hijo había sido el único seleccionado para recibir esta beca. Colegiatura completa. Los cuatro años de universidad. Totalmente pagados.

Mike cuenta que, cuando Chris lo llamó para darle la noticia, "me senté en mi oficina, llorando al teléfono con Chris mientras alabábamos a Dios por esta provisión, exactamente al inicio de este nuevo viaje de fe".

La provisión de Dios para Mike y su familia durante estos años no siempre ha sido tan espectacular, pero siempre ha estado allí cuando la han necesitado. Por ejemplo, en cierto momento, sabiendo que no disponían de fondos reservados para contratar personas que hicieran arreglos de casa, y sin ser particularmente hábil ni tener inclinaciones mecánicas, Mike puso la situación en oración delante de Dios: "Señor, estoy dispuesto a tratar de arreglar algo, pero necesito que me muestres cómo hacerlo, guíame a los recursos adecuados, ayúdame a aprender". (Esto fue antes que hubiera vídeos en YouTube disponibles para todo proyecto).

Después de eso, siempre que surgía una necesidad, ya fuera que implicara reemplazar neumáticos, tratar con puertas dañadas de garaje, arreglar problemas eléctricos o roturas en plomería, restaurar pisos o renovar una cocina, Dios ponía en la biblioteca personas que ayudaran o dirigieran a Mike a libros sobre "cómo hacerlo", haciendo posible que su familia viviera dentro de sus posibilidades.

> ¿No es ese el argumento de cada una de nuestras historias? Que confiemos en Él (sea en la abundancia o la escasez, teniendo mucho o poco de los bienes de este mundo) en tal manera que quienes nos rodean exclamen: "¡Miren qué Dios tienen! Qué proveedor bueno y fiel es Él".

La provisión continuó con el paso del tiempo. Los otros dos hijos de Mike y Chris también pudieron graduarse en universidades cristianas con una deuda mínima. Y más tarde, cuando los hijos crecieron, el Señor le proporcionó a Chris la forma de obtener su título de enfermera, supliendo otra fuente de ingreso para la familia.

Chris habló con nosotros sobre la influencia que esta travesía ha tenido en sus hijos, ahora adultos y con familias propias. Ella manifestó que "los tres son muy austeros, no siempre buscan lo próximo que comprar; sobreviven gastando lo mínimo y son felices con lo que tienen".

Ahora, de casi setenta años, Mike y Chris enfrentan un territorio desconocido en cuanto a su jubilación. Como han hecho todos estos años, levantan los ojos a su Padre celestial, pidiéndole y confiando en su provisión. "Podemos descansar, sabiendo que Él ha provisto antes y que el futuro está en sus manos".

Cuando quisimos hablar con Mike y Chris para este libro, dijeron: "No creemos que nuestra historia sea singular. Es más, parece muy común cuando haces las cosas en el día a día".

Su conclusión final fue: "Nuestra historia dice mucho sobre nuestro Dios".

¿Y no es ese el argumento de cada una de nuestras historias? Que confiemos en Él (sea en la abundancia o la escasez, teniendo muchos o pocos bienes de este mundo) en tal manera que quienes nos rodean exclamen: "¡Miren qué Dios tienen! Qué proveedor bueno y fiel es Él. ¿No es maravilloso?".

CAPÍTULO 7

Redimidas

La historia de Noemí y Rut

> La forma en que nos parecen las cosas y cómo
> son realmente casi nunca es la misma. A veces nos
> parece y sentimos que el Todopoderoso nos trata
> "con mucha dureza" cuando al mismo tiempo
> está haciéndonos y haciendo a muchos otros más
> bien del que podríamos haber imaginado.
>
> JON BLOOM

La era de los jueces del Antiguo Testamento no fue buena. La descomposición espiritual y moral profundamente arraigada devoró el alma de la nación de Israel. El pueblo elegido de Dios rechazó a Aquel que los había rescatado de Egipto en manera tan poderosa y los había establecido en la tierra de Canaán. Reinaba la anarquía, impunemente se cometían violencia inimaginable y atrocidades indescriptibles y la gente tenía miedo de salir de sus casas. Incluso los encargados de salvaguardar la adoración colectiva eran corruptos y fácilmente sobornables.

En este contexto sombrío descubrimos una joya preciosa escondida en los pliegues de las Escrituras: la historia de dos mujeres indigentes que encuentran gracia, redención y esperanza en los campos de cebada de un pariente rico. La historia de ellas es extraordinaria por sí sola. Pero al vivir como vivimos, en el A.D. (*anno Domini*, "año del Señor"), en vez del a.C. ("antes de Cristo") como estas mujeres, podemos ver de una manera que ellas no podían hacerlo, que formaban una parte pequeña de una historia mucho más grande que Dios estaba escribiendo.

> Esta es una historia de un Dios alerta y vigilante que sabe cuándo cae a tierra un gorrioncillo y que sabe la cantidad de cabellos en nuestra cabeza y el número de estrellas en el universo. Un Dios que ordena y supervisa todos los detalles de nuestras vidas desde los más pequeños hasta los más grandes. Resulta ser una historia de providencia divina.

Una pequeña familia judía conformaba el elenco original de personajes: un esposo y padre llamado Elimelec, una esposa y madre llamada Noemí, y dos hijos, Mahlón y Quelión. En la primera escena los encontramos juntando sus posesiones, huyendo de una hambruna en su tierra natal y hallando refugio en la tierra de Moab. Sin embargo, lo que esperaban que solo fuera una corta estadía se convertiría en una larga década de dolor inmenso en tierra extranjera, que ensombreció en gran manera la miseria que habían dejado atrás en Israel.

Primero murió Elimelec. Con el tiempo, Mahlón y Quelión se casaron con mujeres de la localidad, Orfa y Rut, trayendo nuevas nueras y un poco de consuelo a la viuda Noemí. Pero entonces algo improbable ocurrió, los hijos de la viuda también murieron dejando dos viudas más.

Cuando estas tres mujeres se enteraron que el hambre en la tierra de Noemí había terminado, la viuda mayor anunció a sus dos nueras que se iría a su tierra; les pidió que se quedaran con su gente en Moab y que consiguieran nuevos maridos que proveyeran para ellas.

La escena fue emotiva. Las tres mujeres se habían encariñado mutuamente y sabían que esta despedida sería para siempre. Finalmente, Orfa dio media vuelta y siguió el consejo de Noemí.

Pero Rut se negó a dejar a su suegra; aferrándose a ella le prometió su amor y lealtad de por vida con estas palabras inolvidables: "A dondequiera que tú fueres, iré yo, y dondequiera que vivieres, viviré. Tu pueblo será mi pueblo, y tu Dios mi Dios" (Rut 1:16).

Noemí cedió. Con Rut a su lado regresó a su tierra.

La improbable narración de pérdida catastrófica experimentada por Rut y Noemí podría ser legendaria, pero esta historia es verídica. También es un relato impresionante sobre el cuidado, la protección y la provisión providencial de Dios, y un recordatorio de su capacidad de anular y redimir las pérdidas ocasionadas por vivir en este mundo destrozado y caído.

Dios usó la pérdida del marido y los hijos de Noemí para llevarla de vuelta al pueblo de Belén, donde se escribiría el siguiente capítulo de la historia de esta mujer. En su bondadosa providencia, Dios había ido delante de Noemí y había hecho provisión, pues ella y Rut "llegaron a Belén al comienzo de la siega de la cebada" (v. 22). Y ese solo fue el comienzo. Dios iba a satisfacer las necesidades de Noemí y Rut en maneras que no podrían haber imaginado.

Después de llegar y establecerse en Belén, la viuda más joven, Rut, se dispuso a buscar los medios para sustentar a su pobre familia. Y la mejor opción que pudo encontrar fue convertirse en espigadora, recogiendo el poco de cereal que quedaba en el campo después que los cosechadores habían hecho su trabajo.

> Fue, pues, y llegando, espigó en el campo en pos de los segadores; y aconteció que aquella parte del campo era de Booz, el cual era de la familia de Elimelec (Rut 2:3).

"Aconteció que". Eso es lo que parecía desde una perspectiva terrenal. "Aconteció que" la búsqueda de trabajo de la necesitada Rut la llevó al empleo de un rico terrateniente que "aconteció que" era pariente de su fallecido esposo... y quien a través de una antigua provisión legal "aconteció que" se convirtió en su esposo y en proveedor de por vida para Rut y Noemí.

¿Una feliz coincidencia? Difícilmente.

¿Un golpe de suerte? Para nada.

Esta es una historia de un Dios alerta y vigilante que sabe cuándo cae a tierra un gorrioncillo y que sabe la cantidad de cabellos en nuestra cabeza y el número de estrellas en el universo. Un Dios que ordena y supervisa todos los detalles de nuestras vidas desde los más pequeños hasta los más grandes.

Resulta ser una historia de providencia divina.

Dios trabajaba en escribir la historia de estas dos mujeres. Como en todo relato, este tuvo sus avatares inesperados y momentos en que la situación parecía no tener solución. Por normas culturales, Rut habría sido rechazada por su origen étnico extranjero y avergonzada como trabajadora de baja categoría. (Los espigadores estaban en el extremo inferior de la cadena económica alimentaria). Rut no tenía qué ofrecerle al próspero Booz.

Sin embargo, ninguna de estas realidades dolorosas podía frustrar el plan maestro de Dios. Su mano invisible elaboraba hábilmente esta historia.

En medio de su desgracia, Noemí y Rut mostraron dos opiniones muy diferentes de Dios.

Noemí vio a Dios como su Antagonista, la fuente de su miseria:

> La mano de Jehová ha salido contra mí... en grande amargura me ha puesto el Todopoderoso. Yo me fui llena, pero Jehová me ha vuelto con las manos vacías... Jehová ha dado testimonio contra mí, y el Todopoderoso me ha afligido (1:13, 20-21).

Por otra parte, Rut vio a Dios como su Protector, alguien en quien podía confiar, aunque ella no pudiera ver o entender lo que Él estaba haciendo. Booz, quien se enteró de lo que ella había hecho por Noemí, alabó su fe:

> Jehová recompense tu obra... bajo cuyas alas has venido a refugiarte (2:12).

La confianza de Rut no estaba en Booz, por generoso y amable que fuera. Ella miró más allá de él a Dios mismo en busca de seguridad y abrigo, protección y provisión. Y Él no le falló... ni a ella ni a su suegra Noemí.

Generaciones antes, Dios había designado un medio para que su pueblo ayudara a familiares necesitados. Conocida como la ley del levirato, estipulaba que, en caso de que a un israelita le hubieran quitado la tierra, un pariente cercano podía comprarla y restaurársela al propietario original. De igual manera, si un hombre casado moría sin hijos, el familiar vivo más cercano (llamado pariente redentor) tenía el deber de casarse con la viuda, proveer para ella, tener descendencia para el fallecido, perpetuar el nombre familiar y mantener la herencia y las tierras dentro de la familia.

Alentada por su suegra, que conocía esta ley y sabía que Booz era un pariente cercano de su fallecido esposo, Rut se acercó a Booz y le pidió que cumpliera el papel de pariente redentor en nombre de la familia de Elimelec. Como hombre noble que era, Booz accedió de buena gana. Sin embargo, le comunicó a Rut que había un pariente aún más cercano que, según la ley del levirato, tenía el derecho y la responsabilidad de actuar como redentor de la familia despojada de Elimelec.

> ¿Quién pudo haber provocado este giro de acontecimientos? Quién más que nuestro gran Dios redentor, quien había organizado toda la cadena de circunstancias de principio a fin.

Booz le aseguró a Rut que afrontaría la situación y que de una u otra manera ella tendría la protección de un pariente redentor. Y Noemí, quien por fin estaba comenzando a aprender a confiar en la fidelidad de Dios y su habilidad magistral como escritor de historias, aconsejó a Rut: "Espérate, hija mía, hasta que sepas cómo se resuelve el asunto; porque aquel hombre no descansará hasta que concluya el asunto hoy" (3:18).

¿Qué sabio consejo es este para cada momento de confusión y para todo aparente callejón sin salida que enfrentemos? *Espera a ver cómo van las cosas. Cristo, nuestro Booz celestial, está obrando, y no descansará hasta que haya resuelto el asunto en la manera que satisfaga mejor tus necesidades y muestre su gloria.*

Booz se dirigió a la puerta de la ciudad, donde se hacían transacciones comerciales y anuncios públicos, y donde se resolvían asuntos legales. Poco después llegó el pariente del que había hablado. Tras reunir un grupo de ancianos de la cuidad como testigos, Booz le explicó la situación al hombre.

—Noemí ha vuelto de Moab —le informó—. Tú eres el pariente más cercano, por lo que tienes el derecho de redimir la tierra de la familia para ella. Yo soy el siguiente en la línea después de ti. Si quieres comprarla, genial. Si no, simplemente házmelo saber y yo me haré cargo.

—¡Puedes apostarlo! Con gusto compraré la tierra —respondió el hombre sin dudarlo.

—Muy bien —agregó Booz—, pero hay algo más. Rut la moabita está incluida en el paquete. Cuando redimas la propiedad de Elimelec, ella se convertirá en tu esposa. Todos los hijos que tenga contigo llevarán el apellido Elimelec y tendrán todos los derechos sobre su herencia.

—Este... pensándolo bien —contestó el redentor—. Yo... pues... en realidad no puedo hacerlo. Eso dañaría mi propia finca. Ve tú y redime la tierra.

> Y Booz dijo a los ancianos y a todo el pueblo: Vosotros sois testigos hoy, de que he adquirido de mano de Noemí todo lo que fue de Elimelec, y todo lo que fue de Quelión y de Mahlón. Y que también tomo por mi mujer a Rut la moabita, mujer de Mahlón, para restaurar el nombre del difunto sobre su heredad, para que el nombre del muerto no se borre de entre sus hermanos (Rut 4:9-10).

Estas fueron buenas noticias, maravillosas noticias, no solo para Rut, sino también para Noemí. Todo lo que perteneció tanto a Elimelec como a sus hijos sería cuidado por aquel que había pagado la deuda. Rut, la viuda, ahora sería esposa. El apellido de su marido se conservaría y Noemí sería rescatada de la pobreza.

¿Quién pudo haber provocado este giro de acontecimientos? Quién más que nuestro gran Dios redentor, quien había organizado toda la cadena de circunstancias de principio a fin.

¡Y hubo más!

Una vez sellado el matrimonio de Rut con Booz, ella tendría un hijo llamado Obed. Un día Obed tendría un hijo llamado Isaí, y este tendría un hijo llamado David, quien se convertiría en el rey de Israel y Judá. Y catorce generaciones después, uno de los descendientes de David tendría un hijo llamado Jesús, ¡el Pariente Redentor de toda la humanidad!

Por angustiosas que fueran las calamidades experimentadas por Rut y Noemí, no fueron definitivas. A veces estas afligidas mujeres debieron haber sentido que su historia había acabado. Pero en realidad sus pérdidas sentaron las bases y proporcionaron una plataforma para que Dios siguiera escribiendo su historia de redención, como hace en todas nuestras pérdidas y tristezas.

Y en su generoso benefactor y héroe, Booz, se nos señala a nuestro definitivo Rescatador, Redentor y Esposo.

CAPÍTULO 8

Puedes confiar en Dios cuando pierdes la salud

Dios no desperdicia el sufrimiento de sus hijos.

AMY CARMICHAEL

Cuando yo (Robert) era estudiante universitario, me empleó un pequeño contratista. (No quiero decir que mi jefe fuera un hombre pequeño, sino que yo era su único empleado). Junto con sus muchas otras habilidades, Richard Whitmer colocaba ladrillos con la precisión de un dentista. Pero también era demasiado ahorrativo como para alquilar un cargador frontal con el fin de levantar palés de ladrillos y un pesado y húmedo mortero hasta los andamios más altos. Además, él no necesitaba ese tipo de equipo. Me tenía a mí.

Otra de mis tareas en aquellos días era colocar grandes tablones en los andamios para que mi jefe pudiera pararse en ellos. Los tablones eran largos y pesados, de más de medio metro de ancho por tres metros y medio de largo. También estaban viejos y desgastados, y habían estado en el inventario de mi jefe por lo menos desde la administración Truman. En esa época yo no usaba guantes de trabajo. Así que allí me hallaba cargando tablones viejos y desgastados sin usar guantes... puedes imaginar qué paso, ¿verdad?

Correcto. Las astillas (algunos las llaman "esquirlas", pero todos las llaman "dolorosas") eran algo habitual para mí.

"¡Ay!", yo gritaba y echaba la mano hacia atrás. Puesto que sabía lo que acababa de suceder, Richard agarraba su navaja. Aún puedo verlo sacando la hoja brillante con la uña de su pulgar y "esterilizarla" frotándola en sus pantalones. También recuerdo el indescriptible dolor cuando Richard extraía la diminuta partícula de madera.

Nunca emití un sonido. Ningún trabajador que se respete se queja de nada. Pero créeme, yo sentía el dolor.

Si una astillita temporal me producía tanta incomodidad, ¿qué debió haber sentido el apóstol Pablo respecto a la "espina" que constantemente le apuñalaba la carne? Escribió sobre esto en 2 Corintios 12: "Para evitar que me volviera presumido por estas sublimes revelaciones, una espina me fue clavada en el cuerpo, es decir, un mensajero de Satanás, para que me atormentara" (v. 7, NVI).

No sabemos exactamente qué era la espina de Pablo, aunque ha habido mucha especulación a lo largo de los años. Tal vez fuera una enfermedad física crónica o alguna otra clase de aflicción implacable. Sí sabemos que no podía extraerse con la navaja sucia de alguien o por cualquier otro medio humano. Y sabemos que este no era un problema pequeño para Pablo. Es más, la palabra griega traducida "espina" en este pasaje se refiere a un trozo puntiagudo de madera o a una estaca afilada en la cual alguien podría empalarse.[1] No se trataba de una astillita.

Cuando tienes una espina, sea grande o pequeña, es en lo único que piensas. Molesta como una semilla de frambuesa trabada entre dos dientes, y sientes que debes sacarla lo más pronto posible.

¿Y si no puedes sacarla? ¿Y si la espina es una enfermedad devastadora o terminal? Peor aún, ¿y si no eres tú quien sufre, sino más bien tu hijo o tu cónyuge? ¿Qué pasa entonces?

Al haber recorrido con mi difunta esposa Bobbie el viaje del cáncer, este asunto de confiar en Dios en medio de la enfermedad es especialmente personal para mí. El día de San Valentín de 2012, Bobbie fue operada, pues su médico había sospechado la posibilidad de cáncer de ovario. Nuestra hija Missy esperó conmigo a que el cirujano saliera y nos diera un informe. El diagnóstico no fue lo que habíamos esperado: cáncer de ovario en etapa cuatro. En ese momento surrealista, nuestras vidas cambiaron para siempre. Y durante los siguientes treinta y dos meses nuestras rutinas habituales se alteraron con una serie de citas, exámenes y tratamientos. Este ciertamente no fue un capítulo que hubiéramos escogido para nuestra historia, pero sin duda fue uno escogido por nuestro sabio y amoroso Padre.

> La enfermedad de Bobbie ciertamente no fue un capítulo que hubiéramos escogido para nuestra historia, pero sin duda fue uno escogido por nuestro sabio y amoroso Padre. (Robert)

Casi todos los domingos por la mañana en la iglesia recordamos el asunto de "qué tal que esto le sucediera a nuestro cónyuge", ya que sentados al otro lado del pasillo están **Ron y Jane Baker**. Ron es médico jubilado y Jane es su esposa fiel y casi siempre sonriente. Durante muchos años ellos sirvieron como médicos misioneros en Sierra Leona, en la costa oeste de África, donde Ron se crio como "hijo de misionero".

Ron y Jane suelen llegar a la reunión poco después que nosotros, por lo que verlo dirigiendo a su esposa de muchas décadas a "su" silla es algo conocido. Aunque es probable que Ron siempre haya sido un caballero con Jane y la haya tomado de la mano, hoy día él no tiene alternativa. Hace como treinta años a Jane le diagnosticaron una enfermedad ocular degenerativa para la cual no existe cura y que por lo general avanza hasta la ceguera. Hoy día Jane está prácticamente ciega, y el siempre agradable doctor Baker es su guía. Literalmente.

Le preguntamos a Ron cómo había evitado estar resentido cuando el Señor escribió una historia diferente de la que él habría elegido. Rápidamente respondió:

> El Señor ha sido muy bueno con nosotros y ha usado la pérdida visual de Jane para ayudar a tantas personas, que no recuerdo que la palabra *resentimiento* haya cruzado siquiera por mi mente. Es un privilegio servir a mi esposa, especialmente cuando pienso en cómo ella apoyó y sirvió al Señor (y a mí) todos esos años en África. Yo estaba en mi elemento y de vuelta al "hogar" donde me crie, pero fue un sacrificio para ella servir fielmente al Señor allí.

Cada vez que presenciamos esta pequeña procesión de dos santos el domingo por la mañana, nos conmueve una sensación fresca de lo que significa confiar en Dios "en la enfermedad y en la salud".

LeRoy y Kim Wagner han sido queridos amigos de Nancy durante muchos años. En gran parte de su vida, LeRoy ha sido un pastor bi-vocacional: en el púlpito los domingos y al volante de un camión de dieciocho neumáticos durante la semana. Kim es escritora, conferencista, madre y abuela.

Durante el verano de 2017, los Wagner nos visitaron en nuestra casa en Michigan. Después de la cena, cuando nos sentamos a conversar en el porche, nos pusieron al día sobre algunos problemas de salud con los que LeRoy había estado tratando. Hasta ese momento una serie de exámenes no había proporcionado ninguna respuesta para sus síntomas persistentes y cada vez peores.

Avancemos rápidamente a un año después.

Escuchamos por teléfono cómo estos amigos describieron el rápido deterioro de la salud de LeRoy durante los meses pasados: interminables series de citas médicas, costosos exámenes con resultados no concluyentes y, sobre todo, un dolor inclemente, irresistible y paralizante.

Aunque un diagnóstico preciso había demostrado ser exasperantemente elusivo, al parecer LeRoy padecía una rara enfermedad neurológica en la que el sistema inmunológico atacaba la médula espinal. La cubierta (protectora) de mielina alrededor de la médula espinal se había destruido, causándole dolores punzantes de nervios y la sensación de que una de las piernas le ardía ("como la peor quemadura solar que hayas tenido alguna vez") día y noche.

A veces el ardor constante y los espasmos en las piernas se intensificaban hasta el punto de que él apenas podía respirar. Kim le susurraba amorosamente: "Respira, LeRoy, respira".

Ella nos confesó: "Nunca hubiera imaginado que alguien podría vivir con tanto dolor".

LeRoy admitió que había luchado hasta la desesperación y que en ocasiones batallaba para reconciliar el hecho de que Dios es soberano y bueno con lo que él había estado atravesando. Luego declaró: "Al mismo tiempo, la soberanía de Dios es lo que me sostiene y me apoya, sabiendo que lo que Él hace es correcto y que tiene un propósito y un plan para todo esto".

¿Qué hacía LeRoy ante la desesperación? "Lloro mucho —nos dijo— Creo que las lágrimas son buenas". Y continuó diciendo:

> Entonces empiezo a pensar en la bondad de Dios y en todas las maneras en que ha sido tan bueno con nosotros. Aconsejo a mi corazón, repasando las Escrituras que sé que son ciertas. Algunos días ese ejercicio me ayuda a dejar de pensar en el dolor. Otros días el dolor es tan intenso que lo único que puedo hacer es clamarle a Dios.

Las pérdidas y el dolor eran reales. Pero esta pareja quería que la gente supiera que la presencia de Dios había sido igual de real, a pesar de que Él no les había dado un respiro al sufrimiento o una explicación para soportarlo. "No sabemos cómo va a resultar esto —manifestó LeRoy—. Y quizás nunca sepamos por qué Dios hace lo que hace, pero sabemos que será algo bueno y seguimos confiando en Él por eso".

"¿Hay momentos en que desearías que esto fuera terminal?", preguntó Robert con delicadeza después de saber que nuestro amigo vivía en perpetua angustia física.

"Le daría la bienvenida a la muerte —contestó LeRoy—. En lugar de continuar en esta condición, muchas veces he querido que el Señor me lleve". Luego añadió:

> En ocasiones creo que es más fácil morir por Cristo que vivir para Él con dolor crónico a largo plazo. Yo preferiría estar en el cielo, pero solo quiero agradarle y honrarlo. Nada se compara con lo que Él sufrió por mí.

"Creo que llegar a confiar en la suficiencia de Cristo es de lo que trata el sufrimiento a largo plazo en la vida de un creyente", reflexionó LeRoy, dejando que lo que acababa de decir penetrara en su propio corazón.

> "Creo que llegar a confiar en la suficiencia de Cristo es de lo que trata el sufrimiento a largo plazo en la vida de un creyente".
> (LeRoy Wagner)

Kim intervino, afirmando la fidelidad del Señor hacia ellos a través de esta prueba. Al principio, cuando LeRoy empezó a decaer físicamente, ella sintió que el Señor le recordaba que no los abandonaría. Y no lo ha hecho. "Él ha estado muy cerca —declaró Kim—. Su amor y su cuidado personal se han demostrado de muchas maneras".

LeRoy se emocionó mientras

hablaba de cómo toda esta experiencia había sido tanto aleccionadora como humillante.

> El hecho de que hombres de ochenta y cinco años me abran la puerta me hace sentir muy débil e inadecuado. Entonces recuerdo la promesa del Señor al apóstol Pablo respecto a la espina en la carne: "Bástate mi gracia; porque mi poder se perfecciona en la debilidad" (2 Corintios 12:9).

Luego, afortunada y felizmente, Kim mencionó una agradable bendición que había resultado de esta dificultad:

> Debido a que Le Roy pasa la mayor parte del tiempo completamente inmóvil en su silla, oramos mucho juntos. Esto es un gozo. Antes no teníamos tanto tiempo para orar.

Cuando nuestra conversación estaba a punto de terminar, LeRoy añadió un pensamiento final. Aunque su voz era débil, su mensaje llegó fuerte y claro:

> Si tienes mucho dolor, y te lo han quitado todo, aún puedes orar, aún puedes adorar y aún puedes amar a quienes te rodean. Esas tres cosas no te las pueden quitar. Nunca.

Poderoso.

Cuando terminamos nuestra llamada telefónica con estos dos queridos amigos, Nancy se volvió hacia mí y expresó lo que ambos sentíamos.

> Los Wagner están afligidos al verse marginados del ministerio. Pero lo que están haciendo ahora (soportando, orando y sufriendo) es el ministerio de Dios para ellos en esta etapa de la vida. Y acabamos de estar en el extremo receptor de ese ministerio.

Mientras escribimos este libro, yo (Nancy) he estado siguiendo el viaje lleno de dolor de la bloguera **Colleen Chao** a través de un flujo constante de actualizaciones por correo electrónico que ella ha enviado a amigos y personas que la apoyan en oración (¡qué enriquecedor ha sido esto!), así como una serie de intercambios de correos electrónicos personales.[2]

A lo largo de los años, Colleen ha tenido que confiar en Dios en un difícil capítulo tras otro de su historia. A los diecinueve años de edad, "con la cabeza llena de sueños y el mundo en una cuerda", Colleen fue sorprendida por su primer ataque de profundo abatimiento. Muchos episodios dolorosos de ansiedad y depresión seguirían en las dos décadas siguientes, además de ataques de pánico y largos períodos de paralizante dolor emocional.

Un anhelo profundo e insatisfecho por un esposo fue otro capítulo. Durante esos años, y mientras aguantaba penosamente su propia pena silenciosa, Colleen celebró docenas de bodas y nacimientos de bebés de amigas.

> No obstante, fue mientras experimentaba depresión, ansiedad y larga soltería cuando más aprendí de la bondad y el poder de Dios. Él me bendijo en maneras sorprendentes incluso cuando yo veía cómo mis sueños se convertían en cenizas.

Al ser "libre y soltera", Colleen finalmente se dispuso a servir al Señor en un ministerio en el extranjero. Pero ese sueño también se evaporó debido a dolencias físicas prolongadas y debilitantes.

A sus treinta y cinco años, Colleen finalmente conoció a su tan esperado esposo y se casó con él. Pronto dio a luz un hermoso bebé varón. Sin embargo, los gozos del matrimonio y la maternidad se vieron empañados cuando resultó que su hijo padecía múltiples problemas de salud. Ella escribió: "Una cosa fue soportar mi propia enfermedad; otra muy distinta fue ver sufrir a mi pequeño hijo".

Sin embargo, una década de enfermedad, tanto suya propia como de su hijo, llevó a cabo una "obra extenuante pero gloriosa" en el corazón de Colleen.

> Renuncié al horrible control de mi vida y, con cada sufrimiento nuevo, vino una experiencia más profunda y gozosa con Cristo. Lo conocí y amé más que nunca. Experimenté el poder de su Espíritu en mí. Y supe que el verdadero ministerio venía de caminar íntimamente con Él, incluso cuando el panorama no se parecía en absoluto a lo que yo había soñado.

En el verano de 2017, Colleen comenzó finalmente a experimentar algo de alivio físico. Parecía que una salud restaurada estaba en el horizonte. Ella y su esposo estaban agradecidos y anticipando poder regresar a un ministerio más activo, libre de las limitaciones de una enfermedad prolongada.

Justo a semanas de estar disfrutando de esta nueva salud, Colleen sintió un bulto en el seno derecho. Ella recuerda vívidamente esos primeros momentos de pánico de *¿Y si... ?* y *¿por qué, Señor?*

Cuando Colleen aún esperaba un diagnóstico, hizo un diario personal de oración y permaneció tranquila delante del Señor. Su corazón se animó mientras consideraba la perspectiva *de Dios* sobre este viaje que estaba a punto de emprender:

> Colleen, tienes todo lo que necesitas para atravesar esta incertidumbre. ¿Cáncer? ¿No cáncer? ¿Buenas noticias? ¿Malas noticias? Estoy organizándolo todo, he visto el final desde el principio, y esta es una historia buena. Una narración gloriosa, cautivante, digna de alabanza, honorable y duradera. Mi pluma no resbala. Soy el Gran Narrador, y tú estás a salvo y al alcance de mi abrazo mientras escribo tu historia.

Después de catorce semanas se confirmó el diagnóstico de que Colleen tenía una forma agresiva de cáncer de mama llamada carcinoma ductal invasivo (CDI). Durante toda una semana después de saber la noticia, ella lloró a mares. Tras una década de enfermedad crónica, "me hallaba cansada en lo más profundo del alma y me preguntaba si el cáncer podría ser 'demasiado' para mí".

Sin embargo, mientras seguía insistiendo en Cristo, Colleen se dio cuenta de que Dios estaba confiándole una "regalo": una comunión más profunda con Él, envuelta en un empaque que parecía todo menos deseable.

> El año pasado Dios nos confió un gran regalo, un hermoso sufrimiento…. Y qué regalo ha sido. ¿Cómo empiezo a describir la dulzura de Cristo y su pueblo en medio de la masacre del cáncer?…
>
> Quince meses más tarde, Él sigue dándonos y demostrando que sus caminos no son los nuestros y que su reino pone nuestras expectativas al revés. Nos libera de nuestros insignificantes y ridículos sueños, y dice: "Observa esto". Y quedo boquiabierta ante los milagros que Dios obra cuando simplemente decimos: "Confío en ti. Pase lo que pase".

> No es un milagro pequeño presenciar el corazón de una mujer que ha soportado interminables citas, exámenes, cirugías y tratamientos, y aún puede levantar la mirada al Padre y decir: "Confío en ti. Independientemente de los regalos que elijas darme".

Desde nuestro punto de vista, no es un milagro pequeño presenciar el corazón de una mujer que ha soportado interminables citas, exámenes, cirugías y tratamientos, y aún puede levantar la mirada al Padre y decir: "Confío en ti. Independientemente de los regalos que elijas darme". Es realmente un fruto agradable.

Como hemos visto, es bastante difícil confiar en Dios cuando el diagnóstico no deseado tiene tu nombre. Pero puede ser aún más difícil cuando esto se aplica a quienes amas, cuando tienes que confiar en que Él escribe la historia *de ellos*.

Un artículo de opinión escrito por uno de los clientes de Robert, Joshua Rogers, y publicado por un importante medio noticioso nos llamó la atención mientras trabajábamos en este capítulo. El título decía: "Mi sobrino bebé estaba muriendo, y la respuesta de su madre fue inolvidable".[3]

Canaan, el sobrino de Joshua, presenta síndrome de Down y también padece una enfermedad digestiva que fue erróneamente diagnosticada durante algún tiempo y que puede ser mortal en niños como él. Una tarde, cuando solo tenía siete meses, el bebé decayó totalmente y sus preocupados padres, Caleb y Rebecca, lo llevaron a la sala de emergencias. Para cuando llegaron, el cuerpo del niño presentaba sepsis severa. El pequeño Canaan estaba en estado grave.

Joshua relata una escena conmovedora que se llevó a cabo en la sala de espera mientras el personal médico intentaba desesperadamente estabilizar al bebé Canaan:

> Justo allí, en la sala de emergencias, Rebecca hizo algo extraordinario: Se arrodilló y oró: "Dios, voy a adorarte ahora mismo. Pase lo que pase, sigues siendo santo. Sigues siendo bueno".[4]

En ese momento de actividad desesperada alrededor del cuerpo de su hijo, una madre en extrema necesidad se postró en adoración delante de su Padre celestial. Rebecca sabía que podía confiar en que Él escribía esta historia sobre la cual ella no tenía control.

A Canaan lo pusieron en un respirador artificial, y los médicos no esperaban que sobreviviera. En las semanas siguientes, miles de personas en todo el mundo se unieron para rogar a Dios a favor del pequeño. Por la misericordia divina, su vida se salvó, pero Canaan ha seguido enfrentando retos físicos importantes. El viaje de esta familia no ha sido fácil y, probablemente, no lo seguirá siendo. Pero la familia sigue comprometida en confiarle a Dios este pequeño. El artículo de Joshua concluyó:

> Solo Dios puede darnos la gracia para creer cuando parece que ningún milagro puede producirse; pero cuando Él lo hace, el resultado es muy milagroso. Al igual que mi cuñada, podemos inclinarnos en medio de la oscuridad y declarar: "Dios, voy a adorarte ahora mismo. Pase lo que pase, sigues siendo santo. Sigues siendo bueno".[5]

Este tipo de fe activada por la gracia, especialmente en medio de la noche más triste, es francamente extraordinaria. Cuando los hijos de Dios ofrecen tan costosa adoración, como hizo Rebecca en esa sala de espera y como siguen haciendo nuestros amigos Ron y Jane Baker, LeRoy y Kim Wagner, y Colleen Chao en sus batallas contra enfermedades físicas crónicas, la historia de Dios es proclamada a aquellos que, tal vez de otra manera, no la habrían escuchado. Y el cielo aplaude cuando sus amados en la tierra reconocen que Dios es digno de ser alabado.

Independientemente de lo que ocurra.

CAPÍTULO 9

Puedes confiar en Dios cuando han pecado contra ti

Dios obra en los corazones de quienes nos han
hecho mal, así como en nuestros corazones....
La justicia de Dios es mucho más segura e
infalible, porque es la justicia del amor.

ERIC LIDDELL

El diario personal de *"**Winona**"*[1] reveló el dolor en su alma. Un torrente de emociones explotó finalmente al salir a la luz el secreto guardado por mucho tiempo: que cuando ella era una joven creyente, había sido abusada sexualmente durante doce años por un hombre que había influido en la formación de su fe, un hombre en quien ella había confiado.

Ahora todos lo saben. Al menos alguna versión. Pero nadie conoce la sensación de la mano de este hombre sobre mi cabeza, o la sensación de pánico cuando estaba encima de mí, decidido a hacer su voluntad conmigo mientras yo me retorcía, empujaba, razonaba y suplicaba para evitar esto.
Nadie conoce las lágrimas, la desesperación y el silencio entre Dios y yo mientras intentaba armonizar las acciones de este "hombre de Dios", mi deseo de que estas cosas no sucedieran, mi participación en ellas y la opinión que Dios tenía

de mí. La mayor parte de mis años como cristiana se ha definido por esa confusión... el pánico de esa mano en la parte posterior de mi cabeza, la pérdida de más de una década de mis decisiones, los lugares todavía muertos de mi corazón que fueron asesinados por un "hombre de Dios" que me convenció de que yo lo hacía pecar.

Después de ser arrojada de un hombre adulto irresponsable, negligente y abusivo a otro a lo largo de su infancia y juventud, Winona no estaba preparada para encontrar más de lo mismo entre la recién descubierta "familia", cuando llegó a la fe en Cristo siendo adulta joven.

Nuestra querida amiga aún se recupera del dolor del comportamiento de su depredador. Todavía lucha por orientarse, a fin de entender lo que durante años supuso que, de alguna manera, *ella* había ocasionado, y de tratar con las implicaciones de un depredador no arrepentido que no puede (ni podrá) ver su pecado o reconocer el daño que ha causado, y quien solo ha experimentado consecuencias mínimas en comparación con lo que ella soportó en manos de este sujeto.

Adán y Eva no solo fueron los primeros seres humanos, también fueron los primeros seres humanos en traicionarse. Una vez que su relación con Dios se destruyó por medio del orgullo y la desobediencia, no pasó mucho tiempo antes que la relación entre ellos degenerara en echar culpa y acusarse (véase Génesis 3). ¿Cuánto tiempo había transcurrido desde su luna de miel cuando cada uno usó al otro como chivo expiatorio? ¿Y cómo fue que su hijo primogénito se volvió envidioso y se enfureció tanto como para asesinar a sangre fría a su hermano menor?

Que pequen contra ti (y que peques contra otros) ha sido parte de la historia humana desde esos primeros días hasta la actualidad.

Las maneras en que las personas pecan contra otras son casi ilimitadas. Puede que hayas experimentado traición financiera: un hijo adicto que te roba, o un hermano que juega sucio en tu herencia. Quizás sabes lo que es ser acusado falsamente y despedido injustamente de tu trabajo después de años de servicio fiel. Es posible que te haya desilusionado un pastor que abusó de su autoridad y dejó su rebaño herido y con problemas. O tal vez un amigo celoso te haya calumniado y tu reputación se haya destrozado.

Engaño, abuso sexual, violencia, opresión, injusticia sistémica, estas y otras mil maneras en que los seres humanos pecan unos contra otros son los frutos venenosos y desgarradores de la traición de la humanidad contra Dios.

A veces estos pecados afectan nuestras vidas (o las de quienes amamos) con la fuerza de una bola de demolición. Podría llevarnos años recuperar nuestro equilibrio. En algunos casos, puede que el perpetrador nunca (en esta vida) sea conducido ante la justicia o que se arrepienta. Todo lo cual podría llevarnos a sentir que alguien distinto a Dios está escribiendo nuestra historia, y a cuestionar si realmente se puede confiar en Él ante tales atrocidades.

Sin embargo, como

> Esta no es una de esas historias en que alguien ora y confía en Dios, y como resultado Él junta con cuidado todas las piezas rotas y las devuelve con un hermoso lazo en la parte superior. Es más, la mayoría de nuestras historias no son así. Seguimos viviendo en un mundo destrozado y caído, donde el pecado crea desorden y sus consecuencias se sienten a veces por generaciones.

verás en los relatos que siguen, y según lo atestigua la Biblia, nuestro Dios fiel y amoroso tiene el poder para redimir a los irredimibles y para convertir cenizas en belleza, no solo *a pesar de* las heridas que hemos sufrido, sino en realidad *a través* de esas heridas.

"Alejandra" recuerda como si fuera ayer la noche en la que se enteró que su esposo era adicto a la pornografía.

> Todavía puedo visualizar ese momento: sentada en el cuarto de nuestro hotel con mi pijama de corazones rosados, sosteniendo un helado de chocolate, mis ojos empañados y sintiéndome mareada de pies a cabeza.

Al parecer, e incluso desde su propia perspectiva, *"Darío"* y Alejandra tenían un matrimonio decente. Ambos provenían de familias íntegras, que asistían a la iglesia y en las que se honraba a Cristo.

En sus primeros años de matrimonio tuvieron cuatro hijos, espaciados dos años entre cada parto. Alejandra recuerda: "Estábamos en el modo de subsistencia 'matrimonio joven con varias personas pequeñas', pero creíamos que estábamos bien, considerando lo ocupadas que eran nuestras vidas".

Un día, Alejandra vio un aviso de un retiro de fin de semana para matrimonios cristianos en un hotel cercano. Decidió que su matrimonio podía necesitar algo de inspiración… un poco de renovación, por lo que le preguntó a Darío si podían asistir. Él estuvo de acuerdo.

El sábado por la mañana del retiro, uno de los oradores habló de los peligros de la pornografía. Después de la sesión nocturna, Alejandra y Darío compraron un poco de helado y lo llevaron a la habitación. Ahora estaban sentados en la cama, disfrutando de las calorías nocturnas y de un poco de conversación animada.

"El hombre habló hoy sobre pornografía —comentó Alejandra con naturalidad—. ¿Has visto porno alguna vez?".

Como una nube que el sol oculta lentamente, una sombra pasó por el rostro de Darío. "Sí —contestó—. Algunas veces".

No estoy lo suficientemente delgada. Ese fue uno de los primeros pensamientos que ella recuerda que le cruzaron por la mente en esa ocasión. Pasaría algún tiempo antes que llegara a comprender y creer que este problema no era acerca de ella, aunque la afectó profundamente.

Al encontrar que la respuesta de Darío no era satisfactoria, Alejandra presionó y buscó más información. En ese momento sabía muy poco acerca de pornografía. No se hablaba mucho de eso en ese entonces, así que todo el asunto le resultaba extraño. Pero en las dos horas siguientes en que Darío confesó una adicción de mucho tiempo a la pornografía, se dio cuenta de lo despistada que había estado. Se quedó allí paralizada mientras él describía un patrón de mentira, de horas valiosas desperdiciadas frente a su computadora y, quizás, lo más perjudicial para la relación, la incapacidad en él de "actuar realmente" después de años de alimentar el apetito por medio de la fantasía.

Darío nunca había confesado este secreto a nadie, ni siquiera a sus compañeros más cercanos. A partir de su primera exposición en la secundaria, la pornografía había sido para él un medio de defensa y escape. Al igual que las drogas o el alcohol, esto era algo a lo que corría cuando las cosas se ponían difíciles. El hombre había esperado que el sexo en el matrimonio satisficiera todas sus esperanzas y sueños, y que le quitara los deseos. Pero se había dado cuenta de que ni siquiera la intimidad matrimonial podía satisfacer las profundas ansias que lo enviaban una y otra vez a la pornografía. (Más tarde entendería que había estado buscando que tanto la pornografía como su esposa tomaran el lugar de Dios en su vida).

En medio de esta prisión autoimpuesta, Darío había tratado de comprometerse como esposo y padre. "Sin embargo", admitió, cuando junto a Alejandra nos contaron su historia: "cuando tienes un pecado como este en tu vida, te encuentras en una batalla constante contra Dios. Él resiste a los soberbios, y da gracia a los humildes".[2] Darío tragó saliva y contuvo las lágrimas. Incluso después de todos esos años, esta seguía siendo una parte difícil y humillante de la historia de ellos.

En los primeros años de matrimonio, Darío había sido cuidadoso en sus búsquedas en línea, intentando evitar que su esposa u otras personas lo detectaran. Pero con el tiempo abandonó la prudencia y adoptó una actitud de "¿qué importa?". Al recordar, se dio cuenta de que ese fue el momento en que esta práctica se convirtió en adicción total.

Durante esa primera noche de insomnio en el hotel después de la confesión de Darío, y todavía luchando por recobrar el aliento, Alejandra le escribió a su esposo una carta en la que expresaba su consternación por lo que había descubierto, pero en la que también afirmaba su compromiso de ayudarle en esto si él estaba dispuesto. Le dijo:

> Cuando nos casamos, prometí "para bien o para mal", y este es el mal... "en la enfermedad o en la salud", y esta es la enfermedad.

Sin embargo, ¿podría volver a confiar en él? Había habido muchas mentiras, mucha traición, y ella era dolorosamente consciente de que devolver su relación a un lugar saludable sería una lucha.

Cuando volvieron a casa, disgustada por lo que había sabido, Alejandra quiso quitar las sábanas de la cama. Recuerda haber hecho sándwiches para los niños mientras pensaba: *¡Mi esposo me ha sido infiel!* Ella tenía que seguir moviéndose, continuando con su vida diaria, mientras cargaba este enorme peso.

Las semanas siguientes fueron difíciles, en especial para Alejandra. Confesar su secreto había sido una experiencia liberadora para Darío. Por medio de la sinceridad, la humildad y el arrepentimiento, la carga que había llevado todos esos años se había quitado de sus hombros. Pero ahora esa carga se había transferido a Alejandra.

Darío y Alejandra contactaron con un consejero cristiano, quien escuchó atentamente la historia. Darío no retuvo nada, exponiendo por completo su pecado. Y el consejero fue sincero con Darío respecto a las consecuencias: "Esta es una herida abierta en este momento, y va a dejar una cicatriz". Hasta el día de hoy, Darío lamenta profundamente el dolor que le causó a su esposa.

No obstante, a medida que el Señor seguía tratando con Darío y comenzaba a sanar su matrimonio, Alejandra descubrió que su propio corazón también estaba expuesto. "Yo era una completa hipócrita. Me creía una chica muy buena y que el pecado de Darío era muchísimo más malo que todo lo que yo había hecho". Poco a poco ella fue dándose cuenta de que necesitaba el evangelio tanto como Darío.

Una y otra vez, Darío le pidió a su esposa que lo perdonara. Y, aunque Alejandra lo intentaba, descubrió que le era realmente difícil deshacerse de su resentimiento. Entonces, un día, Alejandra escuchó a un pastor decir que perdonar implica disposición de pagar una deuda de otra persona, y algo hizo clic dentro de ella. Esa noche le dijo a Darío: "Te perdono; pagaré la deuda. Mi pecado no es menos feo que el tuyo, y necesito a Jesús tanto como tú". Alejandra cree que a partir de ese momento el viaje de ambos dio un giro.

Ahora, años más tarde, ella afirma con ternura: "Si no hubiéramos atravesado por esto, habríamos permanecido en un matrimonio mediocre. Nuestra crisis sacó una tonelada de dolor, pero nuestra relación se ha vuelto muy real".

Darío concuerda: "Alejandra no tenía antes todo mi corazón. Ahora lo tiene".

Alejandra es sincera en cuanto a los problemas actuales: "En ocasiones en que Darío se va de viaje suelo entrar en pánico. O surge el recuerdo; soy humana; no puedo olvidar. Ahí es cuando clamo: 'Jesús, necesito que me ayudes a volver a perdonar'".

Y Darío aún batalla a veces con la tentación. Sabe que siempre será vulnerable en esta área en que entregó mucho terreno al enemigo. Pero ha demostrado verdadero arrepentimiento al adoptar un estilo de vida de responsabilidad total y de caminar en la luz, con su esposa y con un grupo de hombres con quienes se reúne regularmente.

Una y otra vez, tanto Darío como Alejandra se recuerdan cuánto necesitan el evangelio y cómo deben mantener sus ojos fijos en Cristo. Comprenden que este viaje no se trata solo de ellos.

Durante un tiempo, Alejandra sintió que ninguna de sus amigas cercanas podía identificarse con su experiencia. Se sentía aislada y sola, sin alguien en quien apoyarse, pero "luego empezaron a surgir de la nada" mujeres que enfrentaban retos similares en sus matrimonios. En los últimos años, Dios ha usado a Darío y Alejandra para ayudar a otros que están atrapados en este engaño particular. Han visto a Dios convertir en belleza las cenizas de su matrimonio, y saben que Él puede hacer lo mismo por otros.

> Tenemos un Salvador que sabe qué es que pequen contra Él sin tener culpa alguna. A pesar de que pecaron contra Él de la manera más atroz posible (acusado, golpeado y ejecutado injustamente), Jesús se mantuvo confiando en que Dios escribía su historia.

*"**Laura**"* se las arregló para acercárseme (a Nancy) al frente del auditorio después de oírme hablar. Tenía el corazón abatido: "Nunca imaginé que sería una esposa divorciada de pastor, de más de sesenta años, luchando por sobrevivir y encontrar algún sentido de propósito para mi vida".

Cuando era niña, Laura asistía a la iglesia casi cada vez que las puertas estaban abiertas. Se sentaba en primera fila y admiraba a la esposa del pastor. Laura quería ser como esa mujer cuando creciera. Conoció a su esposo Eric en la iglesia; se casaron y asistieron juntos a la universidad bíblica. Tuvieron tres hijos, plantaron dos iglesias y disfrutaron en servir juntos al Señor durante muchos años.

Cuando llegaron a la mediana edad, la junta directiva de su iglesia comenzó a tener algunos desacuerdos con Eric, y él renunció. Durante el siguiente año, él experimentó un tiempo oscuro, luchando con el dolor, el desánimo y la falta de dirección y visión. Lo que Laura no sabía en esa época era que, durante ese tiempo, él también le ocultaba algo.

Una noche húmeda de julio, cuando la familia estaba reunida en la planta baja para celebrar el cumpleaños de Laura, Eric la llevó a un lado.

—Ya no puedo hacer más esto —le informó.

—¿Qué no puedes hacer ya más? —replicó Laura.

—Estar casados —contestó Eric sin alterarse.

El corazón de Laura se le paralizó y luego se rompió en un millón de pedazos.

Eric le confesó que había vuelto a contactar en línea con una antigua novia de la universidad y que había decidido que ella lo haría feliz. Quería el divorcio. Laura oró, rogó y le suplicó que cambiara de opinión. Pero divorciarse era lo que él deseaba y, en última instancia, ella le permitió que se saliera con la suya. Sus hijos estaban devastados, igual que muchos amigos que los había conocido por años.

Nunca, en un millón de años, Laura se habría imaginado divorciada. Sin embargo, ahí es exactamente donde fue a parar después de treinta y dos años de matrimonio. Para sobrevivir debió vender su hermosa casa y luchar por encontrar un trabajo en un mercado que no valora las credenciales de "señora, madre y esposa de pastor".

Esta no es una de esas historias en que alguien ora y confía en Dios y, como resultado, Él junta con cuidado todas las piezas rotas y las devuelve con un hermoso lazo en la parte superior. Es más, la mayoría de nuestras historias no son así. Seguimos viviendo en un mundo destrozado y caído, donde el pecado crea desorden y sus consecuencias se sienten a veces por generaciones.

Algunos de esos desórdenes no se limpiarán en este lado de la eternidad. Mientras tanto, caminamos por fe, confiando en que la presencia y la gracia de Dios nos sustenten cada día aquí y ahora, y nos aseguren que al final corregirá todos los errores y reivindicara a quienes le pertenecen.

La infidelidad de Eric ha vuelto realmente difícil la vida de Laura. No hay manera de evitarlo. Pero ella se aferra a su Padre fiel, quien ha prometido estar a su lado, suplirle las necesidades y guiarla en cada paso del camino. Después de nuestra conversación, Laura me escribió:

A diario llego delante del Señor y pongo mi vida a sus pies.

Decido confiarle mi historia en esta etapa de mi vida, aunque no haya resultado como yo quería. Aun en mi soledad y desilusión, Dios está allí. Yo confío en Él.

> Nuestro Dios fiel y amoroso tiene el poder para redimir a los irredimibles y para convertir cenizas en belleza, no solo *a pesar de* las heridas que hemos sufrido, sino en realidad *a través* de esas heridas.

Si bien los detalles de estos relatos (y del tuyo y el mío) son diferentes, lo que es igual en todos es que otras personas han pecado y pecarán contra nosotros (y que hemos pecado y pecaremos contra otros). También lo mismo en todos estos relatos es la realidad de que Dios aún participa íntimamente en nuestras historias y que podemos confiar en que Él enderezará nuestras vidas.

¿Qué significa entonces confiar en que Dios escribe tu historia cuando otros han pecado contra ti, tal vez gravemente y quizás sin evidencia de remordimiento o arrepentimiento?

Significa:

- confiar en que Él tiene propósitos para ti, así como para otros que son parte de tu historia, y que esos propósitos se cumplirán a pesar de (o tal vez incluso a través de) la maldad que has soportado;

- confiar en que Él te protege y provee para ti, aunque otros no lo hayan hecho;

- confiar en que Él tratará con tus ofensores a su manera y en su tiempo;

- confiar en que Él protegerá tu corazón para que no se amargue ni mantenga como rehenes a quienes han pecado contra ti;

- confiar en Él por gracia para perdonar lo que parece imperdonable;

- confiar en que Él, a su manera y su tiempo, redimirá e invalidará las pérdidas ocasionadas por quienes han pecado contra ti;

- confiar en que el Espíritu Santo puede cambiar el corazón de tu ofensor y llevarlo a una relación correcta con Dios.

Es comprensible que todas estas respuestas parezcan inalcanzables y hasta ridículas si no fuera por el hecho de que tenemos un Salvador que sabe qué es que pequen contra Él sin tener culpa alguna.

Primera de Pedro nos dice que "Cristo padeció una sola vez por los pecados, el justo por los injustos, para llevarnos a Dios" (3:18). Aunque Él fue objeto de maltrato inimaginable, "no amenazaba, *sino encomendaba la causa al que juzga justamente*" (2:23).

¿Ves eso? A pesar de que pecaron contra Él de la manera más

atroz posible (acusado, golpeado y ejecutado injustamente), Jesús se mantuvo confiando en que Dios escribía su historia. ¿Cuál fue el resultado? Se nos dice: "Por cuya herida fuisteis sanados. Porque vosotros erais como ovejas descarriadas, pero ahora habéis vuelto al Pastor y Obispo de vuestras almas" (2:24-25).

En la disposición de Cristo para soportar las heridas que le infligieron hemos sido curados de las heridas infligidas por nuestro pecado personal y por el pecado de un mundo caído, que enfrenta a una persona contra otra. Nuestros corazones se han vuelto al Padre mediante la confianza de Cristo en el Padre. ¡Qué maravilloso es eso!

Aun así, cuando ponemos nuestra confianza en Dios en circunstancias tales en que han pecado contra nosotros, Él no solo puede curarnos, sino también usarnos como instrumentos de sanidad y arrepentimiento para nuestros ofensores. Independientemente de si alguna vez vivamos para ver ese fruto en esta vida, sabemos que Aquel que juzga con justicia un día corregirá toda maldad.

CAPÍTULO 10

Enviado

La historia de José

> La providencia es más sabia que tú, y puedes
> tener la seguridad de que ha adaptado todas las
> cosas para tu bien eterno mejor de lo que podrías
> haberlo hecho si lo hubieran dejado a tu elección.

JOHN FLAVEL

El adolescente dormido despertó ante el empujón inesperado de uno de los comerciantes madianitas que lo tenían cautivo. Con el amanecer de un nuevo día era hora de continuar el viaje a Egipto, donde sus nuevos dueños lo venderían como esclavo... idealmente con un beneficio, un margen considerable además de los veinte siclos de plata que habían pagado a sus hermanos para quitarlo de en medio.

Al aclarársele la cabeza y mirar alrededor del desconocido paisaje, José comprendió dolorosamente que este no era uno de sus famosos sueños. Realmente era una pesadilla, la cual no se disiparía con la vigilia de la madrugada. Se puso de pie y sacudió el polvo de su túnica.

Le esperaba un agotador viaje de más de trescientos kilómetros. Después de un arduo recorrido, José no podía dejar de reflexionar en el peligroso destino que le aguardaba como esclavo. Esto no era en absoluto lo que había esperado… definitivamente no era la vida que había soñado.

Como hijo preferido y el menor entre once hermanos, su padre Jacob le había dado un trato especial, prodigándole afecto y regalos. Ahora, habiéndose salvado por poco de que sus hermanos celosos lo asesinaran, José había sido vendido a mercaderes que pasaban como mercancía para comerciar.

¿Cómo es posible que este adolescente hubiera entendido que un Dios invisible, bueno y sabio estaba escribiendo una historia? Su historia. ¿Cómo pudo José haber visto que estos sucesos trágicos no eran actos al azar, sino más bien escenas cuidadosamente escritas en un gran drama eterno de redención? Desde luego, no podía.

Desde su punto de vista finito, lo único que José pudo haber sabido con certeza era aquello a lo que se enfrentaba en ese momento: rechazo de sus seres más cercanos, pérdida de todo lo conocido, sueños destrozados, y un futuro incierto. No había merecido la cruel traición de sus hermanos. Tal vez se había jactado un poco y los había delatado. ¡Pero seguramente esas cosas no habían sido méritos suficientes para ganarse este cruel agravio!

Sin poder decir algo al respecto, José siguió adelante. ¿Qué más podía hacer?

Cuando su caravana llegó a Egipto, el joven fue llevado como ganado a una subasta. ¿Quién lo compraría? ¿Cómo lo tratarían? ¿Cuáles serían sus tareas? Y la pregunta más inquietante de todas: ¿cómo podía el Dios de sus padres estar escribiendo una historia para él siquiera con un destello de bondad? Sus circunstancias parecían todo menos buenas.

Miedo, desánimo y desesperación debieron haber abrumado al joven mientras estaba en el salón de subastas. Y los años siguientes le proporcionarían oportunidades paralelas de más de lo mismo.

José fue llevado, comprado por un oficial de alto rango llamado

Potifar, "capitán de la guardia" (Génesis 39:1) y muy probablemente el encargado de los que protegían a Faraón. También pudo haber administrado la cárcel para aquellos que, por una razón u otra, habían disgustado al déspota egipcio, por lo que terminaron presos.[1]

Desde nuestra posición estratégica más de tres milenios después, podemos ver los propósitos de Dios que cuidadosamente ocurrían durante la vida de José. Pero en ese tiempo, el muchacho debió haber tenido poco más que preguntas sin respuesta, circunstancias injustas sobre las que no tenía control, y que continuaban año tras año.

Sin embargo, sabemos algo importante sobre la situación de José, algo que él pudo haber captado solo por fe. Sabemos que "Jehová estaba con José" (Génesis 39:2). Esa realidad fue determinante en el mundo y en el resultado de la historia de José.

Al reflexionar en esa historia vemos la mano inconfundible de Dios. Su pluma soberana. Como ves, esta historia no trata simplemente de un hombre. Según pasa con cada historia que Dios escribe, la de José es parte del desarrollo de una trama superior en que participan sus hermanos, su padre, una familia rescatada del hambre, una lección de perdón y reconciliación y, en última instancia, también la salvación de cuatrocientos años de esclavitud y maltrato de toda una nación.

Más veces de las que pude (Nancy) contar, he comentado con otros algo inolvidable que oí decir al pastor John Piper hace muchos años:

> En toda situación que enfrentas, Dios siempre está haciendo
> mil cosas diferentes que no puedes ver y que no sabes.

Ah, si pensamos seriamente, podremos discernir *algunos* aspectos que Dios está haciendo en medio del desastre que nos rodea. Al mirar atrás, otra vez por ese espejo retrovisor, veremos un poco más. Pero Él en realidad está haciendo *mil* o más cosas invisibles y desconocidas para nosotros. Cosas que un día se nos aclararán, ya sea en este mundo o en el próximo. Cosas que nos harán exclamar en adoración: ¡Qué bien "que lo ha hecho todo"! (véase Marcos 7:37).

> **Seguramente, si le hubieran dado la oportunidad, José habría escrito un argumento distinto. Pero con cada altibajo en su historia, este joven estaba siendo moldeado y transformado por Dios.**

Quizás desde donde te encuentras hoy solo puedas ver hebras variadas, deshilachadas y sin conexión que no tienen ningún sentido, por mucho que intentes descifrarlo todo. Lo único que logras ver es injusticia y dolor. Nuestro joven amigo José seguramente se habría identificado contigo. Pero como él iba a saber un día, al otro lado del tapiz que Dios está entretejiendo en nuestras vidas (la maraña de hilos que podemos ver) y a través de estas, el Señor está creando una imagen de gran belleza y valor para aquellos que confían en Él.

De la compra de José en la sala de subastas lo seguimos a la casa de Potifar. En realidad, ahora el joven era posesión de este hombre influyente, una propiedad sin poder para controlar o cambiar sus circunstancias. Pero a pesar de no tener capacidad para gobernar su destino, José hizo lo que sí podía hacer: gobernarse *a sí mismo*. Se mantuvo firme cuando habría sido natural y comprensible que se dejara llevar por la ira o se hundiera en medio de la grave desesperación. Realizó sus deberes con integridad inquebrantable. Su amo pronto se dio cuenta de esto y, en consecuencia, le otorgó más y más libertad y responsabilidad. En última instancia, Potifar nombró a José como supervisor de su casa.

Finalmente, la vida estaba yendo bien para José, pero entonces volvieron a surgir problemas.

Con pleno conocimiento del plan de Dios para José, el archienemigo de su alma envió un ama de casa desesperada, la esposa de Potifar, para que lo sedujera a cometer un acto de fornicación (adulterio para ella). José logró aferrarse a su virtud y se negó a someterse al pecado. Sin embargo, ¿cuál fue su premio por obedecer la ley de Dios y respetar a su amo? ¡Una acusación falsa y luego trece años en la cárcel!

Seguramente, si le hubieran dado la oportunidad, José habría escrito un argumento distinto. Pero con cada altibajo en su historia, este joven estaba siendo moldeado y transformado por Dios.

El Salmo 105 describe esta notable progresión:

> [El Señor] envió delante de ellos a un hombre:
>> a José, vendido como esclavo.
> Le sujetaron los pies con grilletes,
>> entre hierros le aprisionaron el cuello,
> hasta que se cumplió lo que él predijo
>> y la palabra del SEÑOR probó que él era veraz
>> (vv. 17-19, NVI).

Al amado de su padre, el joven que soñó que un día sería exaltado como gobernador de su nación, Dios lo "envió delante" a una tierra extranjera donde, sin que alguien lo supiera incluido José mismo, Dios quiso probarlo a fin de proveer para su pueblo. Una vez allí, en lo que parecía un fracaso del plan de Dios, fue vendido y encadenado como esclavo. Y allí, en aquellas circunstancias horribles, "la palabra del Señor probó" (formó, pulió) hasta el momento (el tiempo *de Dios*) en que se cumplieran las predicciones del Señor a través de José.

Tomar en serio el mensaje de Dios puede ser determinante

cuando enfrentas tus propios retos y desencantos. Las partes más difíciles de la historia que Dios está escribiendo en tu vida no suceden al azar ni sin sentido. Están llenas de propósito. Y, a su debido tiempo, todo lo que Él ha querido para ti y para este mundo se hará realidad. Mientras tanto, el Señor siempre estará contigo. Puedes confiar perpetuamente en esa verdad.

Mientras José estaba en la cárcel, Faraón tuvo dos sueños para los cuales no pudo encontrarse ninguna interpretación. Ni siquiera los hombres más sabios de la tierra pudieron discernir su significado. Esta búsqueda vana, junto con los mismos sueños, atribulaban profundamente al monarca.

Finalmente, un hombre que había conocido a José en la cárcel, el copero de Faraón, recordó la habilidad de su compañero de entender lo desconocido. José fue llamado cuando se hallaba en la cárcel.

Ahora, delante del hombre más poderoso en la faz de la tierra se encontraba José, un judío humilde sin posición ni rango en presencia del máximo poder. Este pudo haber sido un momento para que él se elogiara, una oportunidad para una autopromoción negada por mucho tiempo. Pero José eligió otro camino.

> Las partes más difíciles de la historia que Dios está escribiendo en tu vida no suceden al azar ni sin sentido. Están llenas de propósito. Y, a su debido tiempo, todo lo que Él ha querido para ti y para este mundo se hará realidad. Mientras tanto, el Señor siempre estará contigo. Puedes confiar perpetuamente en esa verdad.

> Dijo Faraón a José: Yo he... oído decir de ti, que oyes sue-
> ños para interpretarlos. Respondió José a Faraón, diciendo:
> No está en mí; Dios será el que dé respuesta propicia a
> Faraón (Génesis 41:15-16).

Aunque tenía la oportunidad perfecta para exaltarse después de años de ser derribado, en lugar de eso José levantó la mirada hacia el cielo. Confió en el Autor de su historia.

A partir de ahí, el plan de Dios para José comenzó a mostrársele más claramente. Después de revelar el significado del sueño de Faraón (con la ayuda de Dios), a José le encargaron que preparara a Egipto para el hambre que los sueños habían vaticinado.

Al confiar en Dios, José fue rescatado de la esclavitud y la cárcel, y puesto en una posición de poder. Dios también lo colocó en un lugar en que pudo haber decidido buscar venganza de los hermanos que lo habían maltratado. Pero, en vez de eso, José escogió aceptar la mano de la providencia de Dios, pues había desarrollado una perspectiva que le permitió superar el mal que le habían hecho.

> Dijo José a sus hermanos: Acercaos ahora a mí... Yo soy
> José vuestro hermano, el que vendisteis para Egipto. Ahora,
> pues, no os entristezcáis, ni os pese de haberme vendido
> acá; porque para preservación de vida me envió Dios
> delante de vosotros (Génesis 45:4-5).

Ustedes me *vendieron*. Pero Dios me *envió*.

José expresó más adelante la misma perspectiva cuando en otra ocasión se negó a tomar represalias contra quienes habían tratado de destruirlo:

> Les respondió José... Vosotros pensasteis mal contra mí,
> mas Dios lo encaminó a bien, para hacer lo que vemos hoy,
> para mantener en vida a mucho pueblo (Génesis 50:19-20).

Finalmente, mucho después de la muerte de José, quedó claro que la historia que Dios había escrito en la vida de este patriarca anunciaba otra historia mucho más grande.

El amado y favorecido Hijo del Padre de vida también fue enviado y maltratado por sus hermanos. Aunque no había hecho nada malo y había rechazado firmemente el señuelo del tentador, Jesús fue vendido por una miseria, maltratado con crueldad y asesinado violentamente.

Nosotros lo vendimos. Pero Dios lo envió.

Pecamos contra Él, pero Dios lo convirtió en bien a fin de traer vida a muchos que estaban destinados a la muerte, de modo que también pudieran convertirse en hijos.

¡Qué maravillosa es esta historia!

CAPÍTULO 11

Puedes confiar en Dios cuando tu hijo te destroza el corazón

Si al lidiar con los problemas de tus hijos te das cuenta de que se te hace un nudo en el estómago, te duele la cabeza y te rechinan los dientes, descubre el remedio sencillo de doblar las rodillas.

ROBERT J. MORGAN

Perder un hijo por la muerte es el mayor temor de todos los padres. Pero, como testificarán innumerables padres afligidos, existe más de una manera de perder un hijo.

Una de las parábolas más conocidas que Jesús contó fue aquella sobre un padre que pierde un hijo. La conocemos como la parábola del hijo pródigo, pero también puede llamarse la historia del padre desconsolado que espera.

En Lucas 15, Jesús narra tres historias sobre cosas perdidas. Una es acerca de una moneda extraviada en una casa y una mujer que barre vigorosamente el piso hasta encontrarla. Es fácil resumir esa historia: moneda perdida, moneda encontrada.

Luego está el relato de una oveja que se alejó sin rumbo, quizás buscando inocentemente una mejor porción de hierba para mordisquear. Desde allí divisó otro tramo un poco más lejos y luego otro.

Pronto el animalito no pudo encontrar su camino al redil y el pastor se vio obligado a buscarla. Oveja perdida, oveja encontrada.

Sin embargo, lo que se pierde en la tercera historia era mucho más valioso que la moneda de cobre o un cordero curioso. A diferencia de estos, el hijo en la historia tomó una decisión consciente de destrozarle el corazón a su padre y, aunque no leemos nada respecto a ella, sin duda también el de la madre.

A diferencia de la mujer que perdió una moneda o el pastor que perdió una oveja, hasta donde sabemos, el padre del muchacho perdido no emprendió una búsqueda desesperada de su tesoro perdido. No reunió un grupo que trajera a su hijo a casa. Al contrario, hizo lo único que puede ser lo más difícil de hacer en tal situación. Esperó. El desconsolado padre en la parábola de Jesús esperó pacientemente que Dios le escribiera su historia, así como la de su retoño obstinado y rebelde, pero no obstante muy amado.

Cada noche, antes de quedarnos dormidos, nos abrazamos y tenemos juntos un corto tiempo de oración. (Al ser supermadrugador, Robert por lo general está fuera de combate tan pronto como se dice el último amén). Le agradecemos al Señor por las bendiciones de nuestro día y llevamos delante de Él cualquier preocupación importante que pueda haber surgido. Oramos por cada miembro de nuestra familia y, finalmente, Robert trae a colación los nombres de dieciséis hombres jóvenes que Dios ha puesto en nuestros corazones. La mayoría de ellos son hijos adultos de amigos nuestros. Algunos de ellos no han conocido al Señor. Otros se han alejado de una fe que una vez profesaron. Algunos (no todos) son como el "hijo pródigo", viviendo en "una provincia apartada".

Preparándonos para escribir este capítulo hablamos con dos parejas por cuyos hijos oramos cada noche. Les preguntamos a estos padres cómo demuestran confianza en Dios respecto a sus hijos adultos que han tomado decisiones pecaminosas y que actualmente están separados de sus familias, situaciones en que no parece haber un final a la vista.

"Scott y Katrina" tienen tres hijos adultos, dos de ellos casados, cinco nietos hasta ahora, y muestran algunas fotos realmente hermosas en sus teléfonos a quien esté interesado. Yo (Nancy) he conocido a esta familia desde que los chicos eran pequeños y los he visto crecer.

> "Dios nos ha dado esta experiencia. Tenemos que recibirla como un regalo de su parte con la intención de acercarnos más a Él… Y para darnos un ministerio hacia otras personas". (Katrina)

Scott es maestro carpintero y Katrina es ama de casa y artista de la acuarela. Ambos aman a Cristo, son activos en ministrar a otros, y siempre han estado ansiosos en que sus hijos sigan al Señor y lo sirvan.

Hace cinco años, su hijo del medio, *"Demetrio"*, de veintiún años de edad, escribió una carta a sus padres anunciándoles que era homosexual. Comentó que, con los años, había tenido algunas mujeres amigas íntimas, pero que nunca había sentido alguna atracción romántica hacia ellas, como la que sentía hacia los hombres. Había luchado contra esos deseos, creyendo que la homosexualidad era contraria a la Biblia.

Sin embargo, ahora Demetrio había descubierto y adoptado un libro escrito por un "activista gay cristiano" que insistía en que la prohibición de la Biblia contra la homosexualidad realmente se refería a relaciones no comprometidas y promiscuas entre personas del mismo sexo. Una persona podía ser gay y cristiana si vivía en una relación monógama, y Demetrio estaba haciendo planes para casarse con su compañero.

El día en que Scott y Katrina recibieron la carta de su hijo, enviaron un mensaje de texto en que me pedían si podían reunirse conmigo (Nancy) y una pareja de amigos cercanos. Esa noche nos hablaron de lo que estaba sucediendo. El pequeño grupo de amigos lloramos y oramos con esta pareja devastada, queriendo ayudar a levantar la carga que llevaban mientras se reescribía su historia.

Desde el principio, Scott hizo todo lo posible por acercarse a su hijo. Conociendo el amor que Demetrio profesaba por Cristo, trató de señalar la desconexión entre la enseñanza bíblica y las relaciones homosexuales. Pero Demetrio, quien conocía bastante la Biblia, simplemente le devolvía versículos bíblicos a su padre. Las conversaciones no iban a ninguna parte y, por lo general, terminaban en forma abrupta.

Cuanto más lo intentaba Scott, más claro se volvía que Demetrio había tomado su decisión. Los contactos se volvieron menos frecuentes. De vez en cuando, Katrina enviaba mensajes de texto en que aseguraba a Demetrio su amor y sus oraciones por él. En ocasiones, Demetrio devolvía los mensajes. Por lo general no lo hacía.

Cuando los cuatro nos sentamos y hablamos, Katrina abrió su corazón confesando que todo esto los había afectado como pareja:

> Este es un capítulo de nuestra historia que me gustaría arrancar, pero también es el capítulo que Dios está usando más en nuestras vidas para ayudarnos a conocer su corazón… para amar incondicionalmente a cada uno de nuestros chicos y nietos, aunque no comprendamos lo que está sucediendo.

Scott intervino en manera pensativa:

> Hemos batallado con lo que es nuestra responsabilidad en esta situación. Le hemos pedido a Dios que escudriñe

nuestros corazones. Y le hemos pedido perdón a Demetrio por diversos aspectos que nos vienen a la mente, por cualquier forma en que pudiéramos haberle hecho daño.

Luego agregó: "Pero hemos tenido que aceptar que no somos responsables por las decisiones de nuestros hijos adultos".

Les preguntamos a Scott y Katrina cómo animarían a otros con hijos adultos que están viviendo en una forma que creen que es contraria a la Palabra de Dios. Comunicaron tres conclusiones liberadoras a las que habían llegado en su relación con su hijo:

1. *"No podemos cambiar su actitud.* Cada persona tiene en su corazón un interruptor que solo Dios puede accionar. Hasta que eso ocurra, nada cambiará. No podemos hacer que suceda".

2. *"No es responsabilidad nuestra arreglar a nuestro hijo.* Los padres quieren repararlo todo. Durante los dos primeros años, después que nuestro hijo nos enviara la carta, sentimos que debíamos encontrar una manera de arreglar la situación: leer este libro, esa publicación, tal artículo. Y nos sentimos fracasados si no podíamos lograrlo. Finalmente, tuvimos que aceptar la verdad de que Demetrio era responsable delante de Dios por sus propias decisiones. Si Dios permite algo difícil en nuestras vidas, esto no requiere que lo reparemos; requiere nuestra fe".

3. *"No podemos darnos por vencidos.* Seguiremos amando a nuestro hijo. Hay mucho en juego. Muchas personas están viéndonos atravesar esto: nuestros hijos y nietos, amigos que nos conocen bien y algunas personas que apenas saben de nosotros. Queremos que vean que Cristo nos sostiene en los momentos más difíciles y que por su gracia podemos

amar de modo incondicional, incluso como hemos sido amados por Él".

¿Y cómo los ha transformado esta experiencia?

Scott comprende ahora que muchas de las personas a su alrededor están sufriendo en maneras que él no se daba cuenta antes… son individuos con cargas increíbles. La sensibilidad hacia la gente con la que se topa ha aumentado.

Katrina admite que a veces en su trayectoria ha cuestionado a Dios. Después de la sorpresa inicial del anuncio de su hijo le vino un adormecimiento: "Ni siquiera quería orar o leer mi Biblia. Pero finalmente el amor del Padre se abrió paso hacia mi corazón". Le recordó cómo Él había tratado compasivamente con los pecados de ella y cuánto necesita un Salvador. Poco a poco el Señor comenzó a suavizarle el corazón hacia Dios y hacia su hijo.

Katrina ha encontrado paz a través de aceptar el hecho de que Dios es bueno y soberano, incluso en esta situación. Ella y Scott entregaron a Demetrio al Señor antes que naciera. Confiaron en Él en ese entonces, y seguirán confiando en Él ahora.

Ella afirma: "Dios nos ha dado esta experiencia. Tenemos que recibirla como un regalo de su parte con la intención de acercarnos más a Él… Y para darnos un ministerio hacia otras personas".

Scott agregó: "Sí. Al principio intentamos esconder nuestro dolor. Ya no lo hacemos. Se nos han dado muchas oportunidades de hablar con personas heridas sobre cómo el Señor nos ha animado y cuánto nos ha enseñado acerca de nuestra propia experiencia".

"James y Vicki" y yo (Nancy) nos conocemos desde hace mucho tiempo y hemos seguido siendo amigos cercanos a lo largo de varios giros y cambios en la vida. James es un exitoso corredor de seguros; Vicki, una educadora cuyo logro de enseñanza más significativa fue

educar en casa a sus cuatro hijos... ahora adultos y con sus propias familias. Mis amigos han tenido contacto regular y sano con todos sus hijos.

Todo está bien, excepto por *"Wesley"*, quien se encuentra lejos de casa tanto geográfica como relacionalmente. Es drogadicto y vive quién sabe dónde.

Esta situación no era la que James y Vicki anticiparon alguna vez. Su fe siempre ha sido parte vital de su vida familiar, no solo el domingo sino cada día de la semana. Quienes los conocen concordarían en que su entorno hogareño era amoroso y comprometido, con muchas oportunidades y aliento para que sus hijos desarrollaran sus intereses y habilidades, buenas amistades y un corazón para el Señor.

Sin embargo, cuando Wesley cumplió dieciocho años, James y Vicki notaron un "oscurecimiento gradual de su espíritu". Su chico, una vez feliz y divertido, parecía preocupado, malhumorado y distante. Él comenzó a alejarse de sus padres y de su hermana menor, con quien había sido muy cercano.

Entonces, una noche, como a las dos de la madrugada, James y Vicki despertaron repentinamente de un profundo sueño. Sintiendo que algo andaba mal, James miró hacia afuera y vio que el auto de su hijo había desaparecido. Creyendo que se lo podrían haber robado, rápidamente revisó la habitación de Wesley, solo para descubrir que su hijo no se hallaba allí.

James y Vicki pasaron las dos horas siguientes sentados en la oscuridad de su sala. Preocupados por su hijo. Lloraron juntos y oraron por la seguridad del joven. Finalmente, cerca del amanecer, Wesley regresó y se sorprendió al ver a sus padres despiertos y esperando. Obviamente drogado, les explicó que había conocido en línea a un proveedor y que había conducido ciento sesenta kilómetros para hacer un negocio de drogas.

En los días siguientes, Wesley contó a sus padres su introducción a las drogas experimentales en una fiesta varios años antes. Desde entonces, usar drogas se había convertido en un estilo de vida regular y claramente arriesgado. Todo su mundo había cambiado cuando se relacionó con un grupo de amigos que lo apoyaban y participaban con él en este modo de vida.

En ningún momento sus padres habían tenido la más mínima idea de lo que pasaba. Se preguntaron: "¿Cómo no pudimos haber sabido que esto estaba ocurriendo?".

> James y Vicki se dan cuenta de que Dios está escribiéndoles la historia y, al final, lo importante no es la historia de ellos, sino el hecho de que es Dios quien la escribe.

James y Vicki pasaron muchas noches interminables e inquietas y muchos días complejos haciéndose preguntas difíciles: *¿Qué hicimos mal? ¿Cómo podríamos haber hecho algo diferente? ¿Qué debemos hacer ahora?* Pero nada de lo que decían o hacían parecía cambiar la situación. Por mucho que trataron de asegurarle a su hijo su amor y su deseo de conseguirle ayuda, él parecía sordo a las apelaciones de sus padres. Poco tiempo después, Wesley se mudó de la casa para ir a vivir con sus amigos consumidores de drogas. No hubo nada que sus padres pudieran hacer para detenerlo.

Wesley está ahora cerca de cumplir treinta años, y sus padres no lo han visto durante más o menos un año. Ni siquiera saben dónde vive exactamente. Siguen buscando maneras de abrir la puerta a una relación, pero su hijo está encerrado en sí mismo y permanece aislado, y cualquier comunicación en este momento se siente superficial. Las ocasionales llamadas telefónicas han sido cortas y tensas. Han recibido un montón de notas o postales de su hijo, entre estas una tarjeta por el Día del Padre. Estas cartas están apiladas en un estante en el dormitorio de ellos al lado de una foto de su hijo perdido. "Vemos esas cartas y nos recuerdan que debemos orar", nos confesó Vicki.

Aunque James y Vicki están afligidos por la relación rota de su hijo con el Señor y con su familia, sus corazones han permanecido sensibles hacia él. Esa primera noche en la que el muchacho vino de casa del narcotraficante, James le dijo: "Wesley, no hay nada que puedas hacer alguna vez que nos impida amarte. Eres nuestro hijo, y siempre te amaremos".

Estos padres heridos saben que, aunque Dios les prestó a Wesley para que lo criaran, no les pertenece a ellos sino a Dios. Eso les ayuda a andar en esperanza y no en desesperación. James nos dijo: "Wesley está en las manos de Dios. No puede estar en ninguna parte o hacer algo de lo que Dios no sea totalmente consciente". James y Vicki creen que el Señor va a usar todo esto para su gloria.

Mientras tanto, Dios ha usado la rebelión de Wesley para hacer una obra profunda en el corazón de sus padres. Vicki nos contó que el Señor ha revelado orgullo en el corazón de ella como madre. "Yo solía decir: 'Nuestros hijos nunca harán esto o aquello'. Ahora henos aquí… humillados, pero también agradecidos".

James y Vicki se dan cuenta de que Dios está escribiéndoles la historia y, al final, lo importante no es la historia de ellos, sino el hecho de que es Dios quien la escribe.

James nos recordó: "Dios no desperdicia nada. Podemos descansar en el hecho de que Él va a utilizar esto… en Wesley, en nuestros otros hijos y en nosotros. El Señor nos ha permitido poder dormir en la noche y no estar en gran aflicción. Él está escribiendo este capítulo".

Ellos oran para que, al igual que el hijo pródigo, Wesley escuche un día la voz de Dios y entre en razón. "Esperamos egoístamente que esto ocurra durante nuestra vida. Pero tal vez no sea así. Y la mayoría de días nos sentimos en paz con eso".

Las situaciones que enfrentan estas dos parejas con las que hablamos al escribir este capítulo han secuestrado sus vidas en cierta

Estos padres heridos saben que, aunque Dios les prestó a Wesley para que lo criaran, no les pertenece a ellos sino a Dios. Eso les ayuda a andar en esperanza y no en desesperación.

manera. Este no es solo un asunto de lidiar con rabietas de los caprichos de un niño de dos años o con travesuras de adolescentes. Estos hijos adultos están tomando decisiones que alteran vidas y afectan profundamente a sus padres y hermanos. Y pudimos haber contado muchas historias más. Cada vez que yo (Nancy) abordo el tema de hijos pródigos a través de mi ministerio, recibo una avalancha de reacciones de madres cuyos corazones están cargados, anhelando que un hijo o una hija vuelva a casa, al Señor y a su familia.

También tenemos muchos amigos cuyos hijos experimentan intensas luchas y ataques no necesariamente relacionados con decisiones pecaminosas o insensatas que ellos cometieran. No hay duda de que el enemigo quiere apoderarse de nuestros hijos y nietos. Hace poco tiempo nos unimos a otros padres en una convocatoria para orar por los hijos adultos de una de las parejas que batallan con una forma de condición mental potencialmente mortal. Clamamos al Señor por esta preciosa joven mujer, su esposo y sus hijos. Y oramos por los padres de ella, para que Dios los proteja del miedo y el desánimo, que sientan profundamente cuánto Él ama a su hija y que se aferren a Cristo y confíen en la obra que está haciendo en la vida de ella, aunque aún no puedan ver un resultado positivo.

En otra ocasión reciente, varias mujeres y yo (Nancy) nos reunimos con una madre que lucha por el alma de su hija adolescente. Una vez dócil y receptiva al Señor, esta muchacha se muestra ahora furiosa, resistente y al parecer inalcanzable. Juntas y con lágrimas llevamos a esta mujer y su hija hasta el Padre, pidiendo misericordia y gracia apropiada que sea de ayuda en este momento crítico de necesidad (véase Hebreos 4:16). El alivio en el rostro de esta madre cuando terminamos de orar era innegable. Levantó las manos al aire y exclamó: "¡Mi carga se ha aligerado!". La batalla por su hija no ha terminado, pero ella se fortalece con los refuerzos que el Señor envió a su camino para animarla y para que confíe en la fidelidad de Dios incluso mientras su hija se tambalea.

Tu corazón también puede estar destrozado por un hijo, una hija o un nieto que se halla atrapado por las mentiras de Satanás. No puedes abrirle los ojos; no puedes cambiarle el corazón; no puedes hacer que él o ella crean que los caminos de Dios son buenos, rectos y verdaderos, y que Cristo es el tesoro que sobrepasa todo, mucho más valioso que cualquier cosa que el mundo considere deseable.

> ¿Qué puedes hacer entonces? Puedes dejar que Dios te cambie, aunque anheles que Él cambie a tu hijo. Puedes orar. Puedes confiar en que Dios no solo está escribiendo tu historia; también está escribiendo la de tu hijo. Puedes esperar pacientemente que el Señor actúe en su tiempo y a su manera.

Si esa es tu lucha, recuerda lo que Scott y Katrina comprendieron:

- *No puedes cambiar el corazón de tu hijo.*

- *No es tu responsabilidad arreglar a tu hijo.*

- *No puedes darte por vencido.*

¿Qué *puedes* hacer entonces?

Puedes dejar que Dios te cambie, aunque anheles que Él cambie a tu hijo.

Puedes orar.

Puedes reunirte con algunas personas de confianza para suplicar juntos a Dios que entre en la vida de tu hijo.

Puedes confiar en que Dios no solo está escribiendo tu historia; también está escribiendo la de tu hijo. Y debido a esto, puedes resistir la tentación de agarrar la pluma y tomar el control. Específicamente, puedes decidir no interferir en la forma en la que el Señor podría estar tratando con tu hijo o hija para llevarlo o llevarla al arrepentimiento o para perfeccionarle la fe por medio de dificultades.

Puedes esperar pacientemente que el Señor actúe en su tiempo y a su manera. Y puedes demostrar y declarar (¡y recordarte en el proceso!) que Dios es digno de tu adoración y confianza, y que sigue siendo bueno, aunque tu corazón esté destrozado, incluso aunque el corazón o las circunstancias de tu hijo nunca cambien durante tu vida.

Este es el camino de fe que aprecia y honra al Señor por encima de todos los demás amores.

Y este es un legado poderoso que dejas a quienes vienen detrás de ti.

CAPÍTULO 12

Puedes confiar en Dios cuando pierdes un ser amado

O dices: "Está bien, Dios, estoy contigo en el viaje"… o te descarrilas. Porque ¿cómo existes a menos que digas: "Creo que su Palabra es cierta y que Él desea lo mejor para mí"?

PEG CAMPBELL

*B*lancas nubes hinchadas adornaban el cielo azul, la temperatura rondaba casi los veintiséis grados Celsius… un perfecto día de noviembre en el centro de Florida. Pero el escenario que había traído a amigos cercanos y familiares al cementerio Dr. Phillips era todo menos idílico. Ese momento fue algo que yo (Robert) nunca habría imaginado para mí. Una cosa es asistir a un funeral de un conocido. Otro es estar sentado, en primera fila, enterrando a tu cónyuge.

Me senté entre mis dos hijas, sosteniéndoles las manos. El pastor leyó de una pequeña libreta de cuero y luego terminó con una oración de consagración. Alguien en la familia extendida que estaba detrás de nosotros empezó a cantar. Se levantaron voces en agradable armonía:

Ni una sombra de duda tendrá;
tu compasión y bondad nunca fallan
y por los siglos el mismo serás.[1]

Bobbie había sido mi esposa durante casi cuarenta y cinco años. Criamos juntos a nuestras hijas, escribimos libros juntos, nos apoyamos mutuamente, luchamos juntos a lo largo de su larga enfermedad. Ahora estaba despidiéndome de ella por última vez. Mientras la tierra se tragaba lentamente su ataúd, me cubrió un extraño entumecimiento. Lágrimas fluían libremente de los ojos de mis hijas. Demasiado agotado para llorar, miré el descenso del cajón hasta que reposó firmemente en el fondo del hoyo recién excavado.

Ahora añadiría un nuevo título a mi nombre: viudo.

Ese momento era sagrado, y fue duro. Precioso y doloroso.

> **Ahora añadiría un nuevo título a mi nombre: viudo. Ese momento era sagrado, y fue duro. Precioso y doloroso. (Robert)**

Aunque mi familia y yo estábamos decididos a confiar en que Dios escribe la historia de nuestras vidas, este no fue el guion que habríamos redactado.

¿Cómo puedo seguir adelante cuando mi pena es tan abrumadora? La pérdida de mi amado es muy dolorosa y me ha dejado casi paralizada.

Cómo deseé (Nancy) haber podido alargar los brazos y abrazar a la mujer que hace poco me enviara esta nota. Sin ninguna duda, sus palabras expresan lo que experimentan algunos que leen este libro. Tal vez una sensación de pérdida profunda te llevó a ir primero a este capítulo. Aunque no puedo saber ni sentir exactamente lo que estás pasando, la muerte y el dolor son territorio conocido para mí. Es más, durante un tiempo en mis veintitantos y treinta y tantos, parecía que mi familia se reunía más a menudo para funerales que para cualquier otra ocasión.

Perder a mi padre el fin de semana de mi vigésimo primer cumpleaños constituyó una pérdida enorme. Él tenía cincuenta y tres años y dejó una viuda de cuarenta años y siete hijos entre ocho y veintiún años de edad. Seis años más tarde, la madre de mi mamá (la única abuela que conocí) murió poco después de mudarse a nuestro hogar. Pasado menos de un año enterramos a la única hermana de mi madre, quien murió de una rara enfermedad pulmonar a los treinta y ocho años de edad, dejando un afligido esposo y tres hijos jóvenes. Y luego, poco más de tres meses después, recibí una llamada con la noticia de que mi hermano David, de veintidós años, que era estudiante de tercer año en la universidad Liberty, había tenido un grave accidente automovilístico y no se esperaba que sobreviviera.

De inmediato volé a Filadelfia, donde mi guapo, generoso y divertido hermano "menor" se hallaba con respiración asistida en la unidad de cuidados intensivos del hospital de la Universidad de Pennsylvania. En los siete días siguientes, nuestra familia se amontonó en ese hospital, esperando contra toda esperanza, apenas sabiendo cómo orar, hasta que finalmente el corazón de David dejó de latir y nos quedamos con su cuerpo inerte.

La muerte es real... igual que el dolor que siempre la acompaña.

A lo largo de los años, los dos hemos esperado y llorado al lado de amigos que despedían a un ser querido: un santo anciano al final de una carrera bien corrida, una joven y saludable mujer o un varón sano golpeados en el apogeo de la vida, o un bebé de días de nacido cuya vida en la tierra apenas había comenzado. Quizás ningún dolor supera al de un padre que pierde a un hijo. Todo en su interior clama: *No se suponía que fuera de este modo.* Pero a pesar de lo esperada o inesperada que sea, o de cuáles puedan ser los detalles, la pérdida de un ser amado siempre es dolorosa.

Yo (Nancy) disfrutaba de unas vacaciones con amigos en el Pacífico noroccidental, en septiembre de 1998, cuando recibimos la noticia de que Anthony Jones había desaparecido. Sus padres, *Tom y Danna Jones,* habían sido queridos amigos míos desde que Anthony tenía doce años. (¡En su adolescencia, a este jovencito le gustaba decirle a la gente que era mi guardaespaldas personal!).

Durante los diecisiete días siguientes, todos oramos y esperamos con ansiedad cualquier noticia del paradero de Anthony.

Cuando Robert y yo hablamos con Tom y Danna sobre ese horrible momento unos veinte años después, los detalles aún estaban vívidos en sus mentes.

La desaparición de Anthony llegó al final de un prolongado período de acontecimientos estresantes y traumáticos. Tom había perdido a su padre. Danna había sufrido importantes problemas de salud. Ambos habían adoptado a dos niños gravemente maltratados, que adoraban a su hermano mayor Anthony. Pero Anthony también había batallado desde la secundaria con la adicción al alcohol.

Sin embargo, recientemente la vida parecía haberse tranquilizado un poco. En la misericordia de Dios, Anthony había asistido a una residencia de tratamiento cristiano, donde había llegado a la fe en Cristo. Había estado de vuelta en casa y se mantuvo sobrio durante un año. Y, aunque vivía en su propio apartamento a unos kilómetros de distancia, se comunicaba todos los días con sus padres… hasta que un día no lo hizo.

Pasó otro día sin noticias de Anthony, y luego otro. No les contestaba sus llamadas. No respondía a la puerta, y su apartamento parecía vacío. Ellos estaban preocupados. Y con miedo.

Pronto intervino la policía. Los medios locales de comunicación hicieron saber la historia, y muchas personas rastrearon la región, buscando a Anthony. No había señal de él.

Pasaron dos semanas insoportables. Finalmente, agotados emocionalmente, Tom y Danna cayeron de rodillas y rogaron al Señor que les mostrara dónde estaba su hijo.

A la mañana siguiente, un sábado de octubre, Tom finalmente fue al apartamento de Anthony a recoger sus pertenencias. Sola en casa, Danna miró por la ventana y vio a dos parejas que eran amigos cercanos, incluido su pastor y su esposa, yendo hacia la puerta principal.

Danna sabía por qué habían venido.

Tocaron el timbre de la puerta y Danna abrió. Su pastor le dijo que de un arroyo cercano habían sacado un vehículo que correspondía con la descripción del auto de Anthony. Leyó un número de placa.

> Quizás ningún dolor supera al de un padre que pierde a un hijo. Todo en su interior clama: *No se suponía que fuera de este modo.*

—Sí, es el de Anthony —afirmó Danna.

—Encontraron un cadáver en el auto —anunció el pastor mirando tiernamente hacia Danna.

Danna sabía en su corazón que se trataba del cuerpo de su hijo. Surgió una oleada de emociones. Por supuesto, ella estaba agradecida de que lo hubieran encontrado. Pero, al mismo tiempo, perder la esperanza la hizo gemir profundamente.

—Fue algo tan definitivo —nos dijo.

Cuando Tom regresó del apartamento de Anthony y vio la sombría reunión, también lo supo.

—Entras en una conmoción —nos explicó Tom—. Es como un regalo de Dios que interviene en nuestro sistema nervioso, a fin de protegernos física y emocionalmente. Perder un hijo es un orden antinatural. Te arruina. Todo parece patas arriba. Al revés.

Tom hizo una pausa.

—En este momento —continuó Tom—, puedes terminar por completo con Dios o estar en tal punto de necesidad que te rindes totalmente y te acercas a Él de una manera nueva.

Muchos eligen lo primero. Él y Danna escogieron lo último.

—Desde el principio de nuestro viaje —declaró Danna—, nos propusimos no perder el gozo, sin importar las luchas, la angustia y el dolor. Queríamos representar fielmente a Cristo.

Sin embargo, incluso con esa convicción, las emociones de Tom y Danna se hallaban en una montaña rusa. Poco después de que Anthony se hubiera ido, Tom despertó temprano una mañana mientras la realidad de que nunca volvería a ver a su muchacho lo golpeaba de nuevo. Lloró desconsoladamente. Lo único que pudo decir fue: "¡Hijo mío, hijo mío, hijo mío!".

Para Danna, todo la golpeó un día en que se sentó en brazos de Tom en el sofá de la sala familiar gritando: "¡Mi hijo, mi hijo, mi hijo!".

Sabemos que la muerte de un hijo puede suponer una enorme presión en un matrimonio, a veces hasta el límite. Pero la muerte de Anthony los unió más íntimamente. Al aferrarse al Señor, también se aferraron uno al otro. Y una y otra vez vieron a Dios organizando maneras de hacerse conocer por ellos, y por otros a través de ellos.

Tres años después de su pérdida, Danna llegó a lo que llamó un "punto crucial". Un día, mientras miraba por la ventana de la cocina, le dijo al Señor: "¿Por qué te llevaste a mi hijo? ¡Quiero a mi hijo! Tu Hijo murió, pero sabías que tu Hijo resucitaría".

Entonces ella sintió en el corazón la suave voz del Padre: *Yo te di mi Hijo, y tu hijo también resucitará.*

Este momento fijó en el corazón de Danna una confianza en que Dios estaba haciendo algo bueno y que ella y Tom volverían a ver a su hijo.

"Perder un hijo te califica para unirte a un club del que no quieres formar parte —nos comentó Danna cuando hablamos de toda la experiencia que estaban viviendo—. La cuota de membresía es demasiado alta. Es un lugar solitario en el cual estar, especialmente cuando te reúnes con tus amigos y les escuchas todas las cosas que sus hijos hacen, y piensas en la vida que esperarías tener con tu hijo".

No obstante, Danna y Tom nunca han perdido la convicción de que Dios tenía un propósito al hacerles vivir este proceso, y ellos siguen comprometidos y confiando en que Él escribe toda su historia, incluso las partes más dolorosas. "La vida no es como un bufé —reflexionó Tom—, donde deslizas tu bandeja sobre los rieles de cromo pulido y eliges lo que quieres". Él habló por los dos cuando manifestó:

> La soberanía de Dios es ahora para mí el fundamento de todo. Es lo que sustenta. Él escribe la historia. Dios es el Autor y Consumador de nuestra fe. Esto es literalmente cierto.

La pérdida de un hijo siempre es devastadora, por joven o adulto que sea.

El hijo de **Chase y Katie Kemp**, Job (como el nombre bíblico), tenía cinco años cuando le diagnosticaron un tumor cerebral enorme y agresivo. Durante los 135 días siguientes, este pequeño cautivó el corazón de toda la familia de su iglesia mientras libraba una valiente batalla con esta feroz forma de cáncer infantil. Murió poco antes de cumplir seis años.

Una amiga nuestra muy cercana, Jennifer, que había sido maestra de preescolar en la escuela dominical de Job y que vivió esta pérdida con la familia, compartió con nosotros un momento inolvidable en el funeral de este niño tan amado. En cierto momento del servicio, Chase se levantó de su asiento en primera fila. Él es un hombre alto, y Jennifer pensó inmediatamente en algo que el pequeño Job le había dicho hacía como un año.

Un domingo por la mañana, Job había llegado a la clase con

nuevos zapatos deportivos, que no parecían calzado pequeño de niños sino más bien una pequeña versión de botas de hombres. Con orgullo se los había mostrado a la "señorita Jennifer" diciéndole que un día sus pies iban a ser tan grandes como los de su papá.

Ese recuerdo llegó a la mente de Jennifer cuando Chase se dirigió al micrófono para recitar pasajes bíblicos en honor de su hijo, quien todos sabían ahora que no llegaría a crecer como su papá.

"Me hallaba enojada —recuerda Jennifer—. Lloraba llena de dolor y confusión".

Entonces de la boca de este padre afligido salieron estas palabras, cada una intensamente pronunciada y llena de profunda emoción:

> Bendice, alma mía, a Jehová,
> Y bendiga todo mi ser su santo nombre.

Con voz atronadora y brazos abiertos de par en par, Chase siguió recitando los veintidós versículos de Salmos 103. En muchos puntos se golpeaba el pecho con sus brazos grandes y fuertes mientras combatía su dolor afirmando lo que sabía que era cierto.

En su palpable dolor, Chase guio a su joven familia y a toda la congregación en adoración al Señor. Los asistentes ese día, como Jennifer, nunca olvidarán ese poderoso mensaje.

El pequeño Job se parecía tanto a su papá, que mirar a Chase casi era como ver el futuro de Job. Ahora estaba claro que ese futuro no llegaría. Esto no tuvo sentido entonces ni tiene sentido ahora para el padre, la madre y los hermanos de Job ni para la familia extendida de la iglesia.

Sin embargo, Jennifer nos dijo:

> En medio de nuestro dolor, bendijimos al Señor. Con-
> fiamos en Él. Recordamos cómo Dios le dio a este niño
> especial tan extraordinaria habilidad para percibir la natu-
> raleza y el carácter del Señor, que incluso a los tres años de

edad hacía preguntas sobre la Trinidad y quería que yo se la dibujara. Sabemos que Job conocía a Dios. Y sabemos que Job está con Dios ahora.

La muerte de Job vino mucho antes de lo que alguien pudo haber anticipado. Nunca llegó a tener los pies tan grandes como los de su papá. Pero la influencia de su corta vida y de su muerte fue profunda:

> Como el padre se compadece de los hijos,
> Se compadece Jehová de los que le temen (Salmos 103:13).

El 14 de febrero de 2005, yo (Nancy) me hallaba en una sala de espera de un hospital en Anaheim, California, junto con amigos y familiares de Jon Campbell, quien se estaba sometiendo a una cirugía radical para extraerle el esófago.

Justo al final de la calle, en el Anaheim Convention Center, miles de asistentes a la convención anual de National Religious Broadcasters oraban fervientemente por este amado colega y amigo, quien luchaba por vivir.

Junto con su esposa Peg, y Jim el hermano de ella, Jon dirigía Ambassador Advertising Agency, una organización que sirve a muchas emisoras cristianas y a los ministerios que representan. Pero ahora él estaba luchando por su vida. Después de sobrevivir durante dos años a la enfermedad de Hodgkin veinticinco años antes, recientemente le habían diagnosticado cáncer de esófago. La tasa de supervivencia para alguien en su condición en ese momento era del 4%.

A raíz del diagnóstico, **Peg Campbell** recuerda la sensación de que la vida se le había descontrolado mientras hacía todo lo posible por proveer a Jon el apoyo que necesitaba en medio de los fuertes vientos contrarios que enfrentaban. Uno de los momentos difíciles fue el día en que los dos asistieron a una clínica ambulatoria con el fin de que le colocaran un portal para quimioterapia, posterior a la cirugía de Jon.

"Simplemente no puedo hacerme la quimio", decidió Jon cuando se sentaron en la sala de espera de la clínica. Estaba completamente agotado. El pronóstico era muy grave, y ambos habían estado batallando por mucho tiempo. En el mejor de los casos, la quimio solo retrasaría lo inevitable. Desde luego, Peg quería que Jon siguiera luchando, pero también quiso respetar la decisión de su esposo de rechazar el tratamiento adicional. Ambos sabían lo que esto significaba: que, salvo por intervención divina, tarde o temprano enfrentarían la muerte de Jon.

Él vivió otros cuatro meses después de la cirugía antes que el Señor se lo llevara a casa. Fueron cuatro meses tristes, caracterizados por un dolor insoportable.

> Dios tiene en mente algo útil para ti en esta situación. ¿Qué desea Él que cumplas que no sería posible si no hubieras sufrido esta pérdida?
> (Peg Campbell)

No obstante, en medio de las sombrías realidades del caso, también hubo momentos de risa y horas de canto con la madre de Peg al piano y el padre de ella cerca. Unos días antes de la muerte de Jon, se les unieron sus queridos amigos Ken y Joni Tada junto con otros miembros de la familia, mientras cantaban juntos en la sala de estar de los Campbell.

Peg recuerda esto como una "reunión sagrada", pero también recuerda lo frágil que se veía Jon allí sentado con los ojos cerrados, escuchando las canciones. "La muerte no es bonita —nos contó ella—. Es muy, muy, pero muy difícil".

Si has vivido esto con un ser querido, lo entiendes. Durante la mayor parte de la vida, sin importar los retos que enfrentamos, hay una hebra de esperanza de que, de alguna manera, vendrá algo mejor: una relación se restaurará, las finanzas mejorarán. Pero la muerte corta esa hebra. "La guillotina cae. Un lado se corta del otro".

El 22 de junio de 2005, Jon pasó de esta vida a la próxima, dejando a quienes lo amaron lidiando con el sufrimiento de vivir sin él. "Nunca más volveré a tomar a Jon de la mano", nos comentó Peg en voz baja.

En una actualización por correo electrónico escrita exactamente un año después del fallecimiento de Jon, Peg no intentó suavizar su experiencia:

> En muchos sentidos me siento como el corredor de velocidad que choca contra una pared y ahora se tambalea tratando de recuperar el equilibrio… o como el nadador en medio de un mar agitado, golpeado por una ola tras otra ola: *glub, glub, glub.* Lo que ansío desesperadamente es saber cómo mantener el equilibrio al estar completamente al revés.

Con la muerte de Jon, la vida de Peg ha cambiado en forma dramática. "Este no es un capítulo nuevo; es todo un libro nuevo", confiesa ella. Pero día a día, como podemos atestiguar quienes la conocemos y amamos, ha logrado seguir adelante con una gracia extraordinaria, confiando en que Dios escribe su historia más allá del capítulo que incluyó a Jon.

Uno de los cambios en la vida de Peg implica una oportunidad de enseñar y guiar a estudiantes en una universidad cristiana. Ella les cuenta su historia y comparte sus "Pasos para vivir en la gracia de Dios". Los cinco elementos explicados por este recurso la han ayudado a entender cómo sobrevivir y prosperar en su nueva realidad:

1. *Gratitud:* Rechaza las quejas, la ira y la tristeza perpetua (por comprensible que esto pueda parecer) y elige en cambio tener un espíritu de gratitud.

2. *Relaciones*: Permanece en comunidad; esta una de las maneras en que Dios infunde gracia dentro de nuestras vidas y ancla nuestros corazones.

3. *Logros*: Confía en que Dios proveerá las fuerzas y la gracia necesarias para hacer todo lo que se requiera de ti.

4. *Clamor*: Debes saber que Dios tiene en mente algo útil para ti en esta situación. ¿Qué desea Él que cumplas que no sería posible si no hubieras sufrido esta pérdida?

5. *Perspectiva eterna*. Mantén una perspectiva y orientación eternas cada día de tu vida aquí en la tierra.

Peg ni siquiera quiere perder los obsequios tan reales que la pérdida le ha traído. "El proceso de duelo es territorio sagrado —nos recordó ella—. Es demasiado fácil regresar a la normalidad y olvidar la intimidad con Jesús que experimentaste en tu más profunda angustia", algo que Peg está decidida a no permitir que suceda.

A **George Müller** (1805–1898) se le recuerda por haber establecido hogares para el cuidado de miles de huérfanos en Bristol, Inglaterra, y por confiar en que Dios satisfaría las necesidades de los niños y de los numerosos ministerios más que fundó y supervisó.

A través de su larga vida, Müller mantuvo una profunda confianza en la bondad y soberanía de Dios. Pero eso no le libró de sufrir grandes sufrimientos y pruebas. Soportó temporadas de gran dolor físico. También sobrevivió a dos esposas a las cuales amó mucho.

La primera esposa de Müller, Mary, le dio cuatro hijos; dos de ellos nacieron muertos y uno murió de un año de edad. Después de treinta y nueve años de matrimonio, Mary murió de fiebre reumática. A las pocas horas de la muerte de su esposa, Müller fue a una reunión nocturna de oración en Salem Chapel, donde ofreció oración y alabanza al Señor. Cinco días más tarde, de pie ante cerca de mil doscientos huérfanos y miles de afligidos amigos, predicó el sermón en el funeral de su esposa. Su texto fue Salmos 119:68:

> Tú eres bueno y sólo haces el bien (NBV).

Este versículo es particularmente precioso para mí (Nancy). El 1 de septiembre de 1979, cuando recibí la llamada de que mi padre acababa de morir de un ataque cardíaco, el primer pensamiento consciente que atravesó mi mente, ante la enorme sensación de pérdida que seguiría, fue este versículo que yo había leído antes y que Dios en su bondad me recordaba ahora. En ese momento y muchas veces desde entonces, esta seguridad ha sido un ancla para mi corazón afligido.

El mensaje de funeral de Müller incluyó tres simples puntos basados en ese mismo versículo:

I. El Señor fue bueno e hizo bien al darme a mi esposa.
II. El Señor fue bueno e hizo bien en dejármela tanto tiempo.
III. El Señor fue bueno e hizo bien en quitármela.[2]

Al reflexionar después en esta prueba, Müller escribió:

> Mi corazón estaba en reposo y satisfecho con Dios. Y todo esto surge... de aceptar lo que Dios dice en su Palabra, creyendo lo que expresa.[3]

En cada época y circunstancia, incluidos tiempos de profundo sufrimiento y pena, George Müller confió en la soberanía y bondad de Dios. Eso influyó en su vida, como lo hace hoy día en nuestras vidas y la tuya.

CAPÍTULO 13

Puedes confiar en Dios cuando enfrentas la muerte

*Solo cuando nuestro más grande amor es Dios,
un amor que no podemos perder ni siquiera en la
muerte, podemos enfrentar todas las cosas con paz.*

TIM KELLER

Nacida en 1914, la profesora Gladys Greathouse era un ícono en la Universidad Taylor, donde presidió el departamento de drama y supervisó las producciones teatrales del instituto en la década de los sesenta. Hasta mi último año de la secundaria, yo (Robert) no tenía ningún interés en este campo. Pero después de algún tiempo de plataforma en nuestro espectáculo de variedades, el bicho de la actuación comenzó a picar. Por eso, cuando llegué a Taylor en 1965, me inscribí para actuar en una obra de teatro.

En las semanas previas a nuestra actuación me enteré de que esta mujer con apellido chistoso era tanto amable como fuerte. Amaba a sus estudiantes y lo demostraba con disciplina tenaz. Apenas con un metro cincuenta de estatura, Gladys era una torre de resolución y fortaleza.

Lo que más recuerdo de ella era su insistencia en prácticas enfocadas. Cuando nos reuníamos en un lúgubre salón de clases en la planta baja y comenzábamos a leer nuestros papeles y a interpretar nuestros movimientos, no toleraba absolutamente ninguna payasada.

"*Si practicas bien* —solía decir—, *actuarás bien*".

Esas palabras han permanecido grabadas en mi memoria, y he aprendido a aplicarlas en muchos más aspectos que prepararme para una obra universitaria.

Más de cincuenta años después de recibir ese consejo de Gladys Greathouse, en una cálida tarde de verano en Michigan, visitamos en su hogar a dos queridos amigos. Nancy había conocido a **John y Tammy Wreford** antes que se casaran en la década de los ochenta y tenía en común muchas experiencias con estos humildes y fieles seguidores de Cristo.

Tammy nos recibió en la puerta. Miramos hacia la sala y vimos a John sentado en su sillón reclinable. Nos dio la bienvenida a gritos.

Al acercarnos a nuestro amigo, nos sorprendió lo que vimos. La piel de John se extendía sobre un marco hinchado como un parche blanco transparente. Mechones de escasas canas despeinadas descansaban en lo alto de su cabeza, y barba blanca desaliñada de varias semanas le cubrían

> "Si practicas bien, actuarás bien".
> (Gladys Greathouse)

mejillas, barbilla y cuello. Le habían dicho que tenía semanas o menos de vida. El centro de cuidados paliativos se había hecho cargo de su cuidado, ayudándole a mantenerlo cómodo en sus últimos días.

Durante meses habíamos visto a esta pareja atravesar aguas difíciles y profundas con calma y fortaleza extraordinarias, y les habíamos preguntado si podían hablar con nosotros sobre cómo es confiar en Dios cuando te enfrentas a la muerte.

Colocamos dos sillas cerca de la de John, nos sentamos frente a él, con sus piernas blancas casi luminiscentes elevadas directamente frente a nosotros. Tammy tomó su lugar en una silla al lado de su esposo. Poniendo suavemente una mano sobre el tobillo desnudo de John, Robert empezó nuestra visita agradeciendo al Señor por John y Tammy, y por su firme fe a lo largo del agotador viaje en el que habían estado.

Luego hablamos los cuatro.

Revisamos el tiempo de la enfermedad de John desde el momento en que se enteró por primera vez del aumento en su nivel de antígeno prostático específico (PSA) y recibió el diagnóstico de cáncer de próstata exactamente catorce meses antes. Él y Tammy nos hablaron del complejo y a veces frustrante laberinto en que habían navegado desde entonces: médicos, clínicas, escáneres, agujas, infusiones y medicaciones con nombres impronunciables.

John habló con aire pensativo, su acento británico aún evidente (se crio en Zimbabue cuando todavía era Rhodesia británica) y su semblante triste. De vez en cuando tomaba un sorbo de una botella de agua sobre la mesa a su lado. Esperábamos mientras tragaba cuidadosamente.

John nos contó que había hecho profesión de fe cuando era adolescente, pero que no rindió por completo su vida a Cristo hasta años después. También habló de algunos de los retos de su vida, incluida la pérdida repentina de su primera esposa por un presunto aneurisma cerebral solo dieciocho meses después de casados.

Tras un poco más de conversación, Robert le preguntó a John: "Si estuvieras sentado donde yo estoy ahora, y yo donde estás tú, ¿qué me dirías?".

John permaneció en silencio durante unos momentos antes de responder.

"Te diría —comenzó—, que tratar con esta enfermedad no es algo que empiezas cuando te la diagnostican. Ese instante es una continuación de un viaje que comienza años antes".

Hizo una pausa, y después continuó:

> Dios nos ha bendecido en muchas formas a través de los años. Pero vivimos en un mundo pecador en el que ocurren cosas malas. Debemos tomar lo bueno junto con lo malo, confiando en que Dios sabe lo que está haciendo y que Él tiene el control.

Nos contó que cuando el cáncer progresaba y los tratamientos no parecían funcionar, se dio cuenta de que tenía una opción:

> Pude haber respondido diciendo: "¿Por qué a mí?". Muchas personas hacen eso. O pude haber dicho: "Dios, ¿qué estás queriendo alcanzar por medio de esto?". Esa es la manera en que he tratado de vivir mis últimos años. Por eso acepté este diagnóstico desde el primer día.

Gladys Greathouse no pudo haberlo dicho mejor. "Si practicas bien, actuarás bien".

"¿Y qué pasará en las próximas semanas? —preguntamos—. ¿Qué hay de tu muerte?".

"No le tengo miedo a la muerte —declaró sin vacilación—. No estoy ansioso".

Entonces, tras respirar hondo, continuó:

"Pero no deseo saber cómo serán mis últimos días".

Los ojos de Tammy se llenaron de lágrimas. Los nuestros también.

John no estaba solo en tales sentimientos. Días antes, yo (Nancy) había pedido a un grupo de mujeres que hablaran de algunos de los retos de envejecer. Una de ellas habló por muchas en el salón cuando manifestó: "No le tengo miedo a la muerte, pero me siento ansiosa respecto a morir". Y, ciertamente, con algo de temor podemos relacionarnos con el modo en que sucederá todo. ¿Habrá dolor? ¿Estaremos solos? ¿Tendremos miedo?

Por supuesto, nadie excepto Dios mismo conoce las respuestas a esas preguntas. Pero hemos hallado consuelo e inspiración en la inmortal alegoría de John Bunyan, *El progreso del peregrino*, publicada primero en 1678. Esta historia clásica narra el viaje de un personaje llamado Cristiano hacia la Ciudad Celestial. En su recorrido sufre terribles pruebas y tentaciones seguidas, pero finalmente él y su compañero Esperanza se acercan a su destino. (En términos alegóricos, esto se compara con nuestra aproximación a la muerte).

Podríamos suponer que este tramo final sería fácil, pero no lo es. La escena del río profundo y caudaloso que fluye entre los peregrinos y la puerta de la Ciudad ocasiona en Cristiano mucha ansiedad.

La descripción de Bunyan es exquisita, ya que describe la inquietud de Cristiano (y la nuestra) al atravesar esta barrera:

> Entonces empezaron los peregrinos, especialmente Cristiano, a desconsolarse en su corazón y mirar a uno y otro lado; pero ningún camino pudo hallar por el cual pudieran evitar el río... Decidiéronse, pues, a entrar en el agua; mas apenas lo habían hecho, empezó Cristiano a sumergirse, exclamando a su buen amigo Esperanza:
> —Me anego en las aguas profundas, todas son ondas y sus olas pasan sobre mí.
> Esperanza contestó:
> —Ten buen ánimo, hermano; siento fondo y es bueno.
> Entonces Esperanza... trataba de consolarle, hablándole de la puerta y de los que en ella le estaban esperando... «Esas aflicciones y molestias, por las cuales estás pasando en estas aguas, no son señal alguna de que Dios te haya abandonado, sino que son enviadas para probarte y ver si te acuerdas de lo que anteriormente has recibido de sus bondades, y vives de él en tus aflicciones».
> Con estas pláticas se animaban mutuamente, y el enemigo nada podía con ellos, en términos que los dejaron, como si estuviera encadenado, hasta que hubieron pasado

el río. La profundidad de éste iba disminuyendo; pronto encontraron ya terreno donde hacer pie, y acabaron su paso.[1]

"Ten buen ánimo, hermano; siento fondo y es bueno". Este es el mensaje que nuestro amigo John expresaba constantemente a quienes lo rodeaban, cuando estaba en el proceso de cruzar ese río hacia su hogar eterno. Él no era simplista ni negaba la muerte, sino que tenía confianza en la presencia de Cristo en cada paso del camino.

Nuestra conversación con John y Tammy en su casa terminó con una tierna oración. Le pedimos al Padre que concediera a John un paso seguro y agradable al cielo y que consolara a su esposa de cincuenta y cinco años que, a menos que hubiera una intervención divina, pronto sería viuda.

> La clave para experimentar paz en las últimas páginas de nuestra vida en la tierra es confiar en Dios en los primeros capítulos.

Al salir nos dimos cuenta de que probablemente esta sería la última vez que veríamos a John aquí en la tierra. En nuestro camino a casa hablamos de lo que le esperaba a este amigo en sus últimos días aquí en este mundo y luego en el cielo. También hablamos de una conmovedora escena en la película de 2003, *El Señor de los anillos: El retorno del rey*, la entrega final en la magistral adaptación de Peter Jackson de la trilogía *El Señor de los anillos* de J. R. R. Tolkien.

Un hobbit llamado Pippin y el sabio Gandalf se apoyan mutuamente, cada uno con los ojos fijamente atentos en el otro, mientras un feroz enemigo se les acerca y la muerte toca a su puerta.

—No pensé que esto terminaría de este modo —se lamenta Pippin en voz baja.

—¿Terminar? —cuestiona Gandalf—. No, el viaje no termina aquí. La muerte solo es otro sendero... uno que todos debemos tomar. El telón color gris lluvia de este mundo se enrolla, y todo se convierte en vidrio plateado... Y entonces lo verás.

—¿Qué? ¿Gandalf?... ¿Qué veré?

—Playas blancas... Y más allá, una inmensa campiña verde bajo un veloz amanecer.

—Bueno, eso no es tan malo.

—No... no, no lo es. [2]

Durante nuestra inolvidable visita a John Wreford se nos recordó que tenemos una fuerte seguridad de lo que yace más allá del "telón color gris lluvia de este mundo", tal vez no los detalles, pero sí la esencia.

¿Y dónde obtenemos esa seguridad? La clave para experimentar paz en las últimas páginas de nuestra vida en la tierra es confiar en Dios en los primeros capítulos. Y tener presente que lo que hay por delante nos permitirá confiar cuando es difícil aceptar la trama que vemos desarrollarse.

La experiencia que esperaba a los dos peregrinos de Bunyan al otro lado de ese río profundo hizo que valiera la pena su largo y duro viaje. Es más, eso fue lo importante de todo el recorrido.

> Los vi entonces entrar por la puerta y que cuando hubieron entrado fueron transfigurados y recibieron vestiduras que resplandecían como el oro, y arpas y coronas que les fueron entregadas, para que con las primeras alabasen, y les sirviesen las segundas como señales de honor; oí también que todas las campanas de la ciudad se echaron a vuelo otra vez, en señal de regocijo, al mismo tiempo que los ministros del Rey decían a los peregrinos: «Entrad en el gozo de vuestro Señor»...

Aprovechando yo entonces el momento en que se abrieron las puertas para dejarles pasar, miré hacia dentro tras ellos, y he aquí, la ciudad brillaba como el sol; las calles estaban empedradas de oro, y en ellas se paseaba muchedumbre de hombres que tenían en su cabeza coronas, y en su mano palmas y arpas de oro con que cantar las alabanzas.

Vi también a unos que tenían alas y que, sin cesar nunca, estaban cantando: «Santo, santo, santo es el Señor»; y volvieron a cerrar las puertas, y yo, con mucho sentimiento, me quedé fuera, cuando mis ansias eran entrar para gozar de las cosas que había visto.[3]

Exactamente tres semanas después de haberlo visitado, nuestro amigo John pasó al otro lado. Varios días más tarde esperamos en la fila para consolar a su viuda, a su hijo adulto joven y a otros miembros de la familia. Abrazamos a Tammy, le aseguramos nuestro amor y nuestras oraciones y comentamos la forma en que ella y John habían demostrado confianza pura mientras el Señor les escribía su historia. Con una sonrisa sincera nos contestó: "¡He estado cantando! Esta tiene que ser la gracia del Señor". Sublime gracia.

Uno de los momentos más conmovedores en el funeral a la mañana siguiente fue ver un videoclip de una

> Ninguno de nosotros puede saber por anticipado lo que Dios ha planeado con relación a las circunstancias y el tiempo de nuestra muerte. Lo que sí sabemos es que nuestros tiempos están en su mano y que toda nuestra vida fue ordenada y planificada por Él antes del día de nuestro nacimiento.

entrevista que un colega había grabado con John como cinco meses antes. Con voz firme, John decía:

> Quiero terminar bien la carrera. Pase lo que pase, Dios tiene el control. Si esta es mi hora de morir, quiero glorificar al Señor en mi muerte y mostrar a las personas que Él sigue siendo fiel y bueno.[4]

En cierto sentido, la historia que Dios escribió para John ha concluido ahora. Él ya no tiene dolor, no más carrusel médico que soportar, no más preocupación por lo que depara el futuro. Él está en casa con Aquel en quien confió que le escribiera su historia.

No obstante, en otro sentido, por supuesto, la historia de John no ha terminado, porque aún está muy vivo. Pasará la eternidad adorando y sirviendo al Cristo que adoró y sirvió aquí en la tierra. Y Dios aún está obrando en las vidas de aquellos que John dejó atrás (los que amó y por los que oró mientras aún estaba con nosotros) y sigue exaltando al Hijo de Dios a través de la historia que Dios está escribiendo por medio de ellos.

Rara vez hemos visto a alguien enfrentar la muerte con la tranquilidad y el aplomo que presenciamos en John (y Tammy) durante los últimos catorce meses de él. Hermosa y fielmente nos mostraron que para aquellos que están en Cristo, la muerte ha perdido realmente su aguijón.

Ninguno de nosotros puede saber por anticipado lo que Dios ha planeado con relación a las circunstancias y el tiempo de nuestra muerte. Lo que sí sabemos es que nuestros tiempos están en su mano y que toda nuestra vida fue ordenada y planificada por Él antes del día de nuestro nacimiento (véase Salmos 31:15 y 139:16). Mientras padecía pérdidas devastadoras y dolor insoportable y anhelaba a veces que la muerte lo liberara de su tormento, Job afirmó:

> Si tú eres quien determina
> cuánto ha de vivir el hombre,
> y le pones un límite que no puede pasar (Job 14:5, DHH).

La buena noticia del evangelio es que, por medio de su muerte en la cruz, nuestro Salvador acabó con la muerte y aseguró que todos los que confían en Él vivirán para siempre. Esta es la promesa que hizo a su amiga Marta, quien estaba llorando la muerte de su hermano Lázaro:

> Yo soy la resurrección y la vida; el que cree en mí, aunque esté muerto, vivirá. Y todo aquel que vive y cree en mí, no morirá eternamente. ¿Crees esto? (Juan 11:25-26.)

¿Crees esto? Sea que enfrentemos nuestra muerte o la muerte de un ser amado que confió en Cristo, esa es la pregunta que el Señor nos hace.

Nunca he olvidado una declaración de un amigo que habló hace décadas en el funeral de mi hermano: "Tendemos a creer que David se fue de la tierra de los vivos a la tierra de los muertos; pero la verdad es que se fue de la tierra de los muertos a la tierra de los vivos".

¿Crees eso?

Si lo crees, la muerte del creyente adquiere una perspectiva totalmente distinta.

El sufrimiento por la pena y la pérdida es real, pero también lo es la paz de saber que el Salvador que conquistó la muerte sostiene en sus brazos tanto a ti como a quien se nos ha adelantado.

CAPÍTULO 14

Sorprendidos

La historia de José y María

> Dios no nos llama a estar cómodos. Nos llama
> a confiar en Él de modo tan completo que no
> tengamos miedo de colocarnos en situaciones en que
> estaremos en problemas si Él no viene a ayudarnos.
>
> FRANCIS CHAN

Después de cuatrocientos años de sepulcral silencio, el pueblo de Dios había dejado de pensar en volver a escuchar su voz.

Atrás quedaron los días en que el Creador hablaba con sus amados en el huerto… o desde lo alto del monte Sinaí en truenos y relámpagos… o en la zarza ardiente que no se consumía… o por medio de sus siervos los profetas… o en sueños y visiones. Todo esto no parecía más que historias tipo "érase una vez".

Y ahora no había nada, ni siquiera una voz suave y apacible. Ningún ser humano vivo conocía a alguien que conociera a alguien que alguna vez hubiera escuchado hablar a Dios.

¿Qué había sido entonces de todas las promesas de Dios de que la cabeza de la serpiente sería aplastada y que el desierto se convertiría en un lugar productivo? ¿Qué pasó con lo prometido de que todo opresor injusto sería juzgado, que los pecados de su pueblo serían perdonados, que sus corazones de piedra se convertirían en corazones de carne, y que ellos se convertirían en luz para las naciones?

¿Y qué hay de su promesa de enviar un "ungido" (Isaías 61:1)? Un Mesías...

> Enviado a predicar buenas nuevas a los abatidos... a vendar a los quebrantados de corazón... a publicar libertad a los cautivos, y a los presos apertura de la cárcel... a consolar a todos los enlutados (Isaías 61:1-2).

Hasta donde el pueblo de Dios podía decir, nada de eso estaba siquiera cerca de suceder. Al contrario, Roma reinaba con puño de hierro. La enfermedad y la muerte, la opresión y el engaño dejaban al pueblo desamparado y sin vida. Y la religión, lejos de proporcionar guía y consuelo, se había vuelto institucionalizada, impotente y vacía.

¿Se había olvidado por completo de su pueblo el Dios de la historia?

No, estaba preparando todo para el momento culminante de su historia:

> Cuando vino el cumplimiento del tiempo, Dios envió a su Hijo, nacido de mujer (Gálatas 4:4).

En el pequeño y pacífico pueblo galileo de Nazaret, una joven judía, quizás de solo catorce años de edad, estaba comprometida con un hombre llamado José. Este no era el romance moderno de "un muchacho que conoce a una chica". Era más probablemente el resultado de dos grupos de padres que se reunieron para comer, intercambiar impresiones y determinar que sus hijos debían casarse.

Sin embargo, las esperanzas y los sueños de la chica no habrían sido del todo diferentes de cualquier otra mujer joven a punto de casarse. ¿Cómo sería su vida? ¿Se llevarían bien su esposo y ella? ¿Tendría hijos? ¿Qué le tenía reservado Dios?

No se nos dice qué estaba haciendo exactamente María y dónde estaba en el momento de la visita. Las Escrituras simplemente dicen que "el ángel Gabriel fue enviado por Dios... a una virgen" (Lucas 1:26-27).

Esta no es la primera vez que este ser celestial aparece en las páginas de la Biblia. El libro de Daniel del Antiguo Testamento describe otra visita:

> He aquí se puso delante de mí uno con apariencia de hombre. Y oí una voz de hombre... que gritó y dijo: Gabriel, enseña a éste la visión. Vino luego cerca de donde yo estaba; y con su venida me asombré, y me postré sobre mi rostro (Daniel 8:15-17).

Recuerda que este es el mismo Daniel que pasó una noche pacífica y sin miedo acurrucado con una manada de leones hambrientos. El hecho de que lo intimidara la aparición de Gabriel nos dice que este mensajero divino no era un ser común y corriente.

La siguiente vez que encontramos a Gabriel se le está apareciendo al sacerdote Zacarías. Al igual que Daniel, "se turbó Zacarías al verle, y le sobrecogió temor" (Lucas 1:12). El ángel le dio al sacerdote la noticia de que su esposa Elisabet iba a concebir su anhelado hijo. Elisabet no estaba en edad de procrear, por lo que esta fue una gran sorpresa. A Zacarías le fue difícil creer el mensaje. Es más, abiertamente dudó del mensajero de Dios, quien hizo que el sacerdote quedara mudo hasta que el bebé naciera.

Luego tenemos la visita de Gabriel a María. Teniendo en cuenta lo que sabemos de esta imponente criatura, ¿es de extrañar que María hubiera tenido miedo? Pero al instante, el ángel intentó calmarla y asegurarle que Dios tenía una misión extraordinaria para la vida de la joven:

> María, no temas, porque has hallado gracia delante de Dios.
> Y ahora, concebirás en tu vientre, y darás a luz un hijo, y
> llamarás su nombre JESÚS. Este será grande, y será llamado
> Hijo del Altísimo (Lucas 1:30-32).

Qué sorprendente mensaje. Pero igual de sorprendente fue la respuesta de María. En ese momento, esta jovencita no se aferró al guion que habría supuesto que sería suyo, permitiendo que Dios le escribiera su historia en el blog de la vida de ella. La respuesta de María ante esta asombrosa noticia fue simple, humilde y confiada: "He aquí la sierva del Señor; hágase conmigo conforme a tu palabra" (Lucas 1:38).

"Sí, Señor".

¿Qué otra respuesta es apropiada cuando el Dios del universo habla? Cuando Él dice: "Quiero usarte como parte de mi plan redentor en la tierra"…, cuando nos pide que dejemos a un lado nuestros planes y sueños por el bien de su reino…, cuando nos asigna una tarea que está mucho más allá de nuestra capacidad humana…

Sí, Señor.

José, un simple carpintero, acababa de quedar sorprendido por la noticia de que su prometida María estaba embarazada. Las Escrituras no revelan cómo recibió José el informe de este vergonzoso hecho, pero las historias y los chismes habrían viajado rápidamente en un pueblo pequeño como Nazaret.

Con esta información que trastornó su mundo, había dos realidades que este varón "justo"[1] (Mateo 1:19) sabía con certeza: (1) él no era el padre de la criatura que ahora crecía dentro de María, y (2) la ley era clara. Por la ley judía, María podía incluso ser ejecutada si la acusaban de fornicación.

Solo podemos imaginar lo destrozado que debió haber quedado José, creyendo que su prometida esposa había estado con otro hombre y que podría perderla para siempre. Es sorprendente que José pudiera dormir.

No sabemos cuánto tiempo pasó antes que Gabriel se le apareciera a José en un sueño, pero no habría sido sorprendente que un Dios compasivo se moviera rápidamente para enviar consuelo y claridad a este hombre humilde.

Puesto que los sueños pueden parecer muy reales, mucho más grandes que la vida, podemos suponer que la aparición de este poderoso mensajero del cielo habría dejado petrificado a José. Pero, al final, el mensaje del ángel debió haberlo consolado profundamente.

> María reconoció que estaba viviendo en un momento minúsculo dentro de un enorme esquema eterno de asuntos organizados y ordenados por Dios mismo.

"No temas". Las primeras palabras del ángel a José en Mateo 1:20 (las mismas que había dicho antes a María) tenían la intención de animar al padre terrenal de Jesús a confiar en el resultado de la historia que su Padre estaba escribiendo. ¿Y no es siempre ese el mensaje de Dios para nuestros corazones cuando enfrentamos altibajos en nuestras propias historias? *¡No tengas miedo!*

La respuesta de José al mensaje del ángel revela su corazón: "Despertando José del sueño, hizo como el ángel del Señor le había mandado, y recibió a su mujer" (Mateo 1:24). Aunque no podía entender cómo se desarrollaría la trama, o se superarían los obstáculos obvios, José aceptó el mensaje de Dios e hizo lo que se le ordenaba.

La narración que Dios escribió para María y José fue todo menos fácil de aceptar. Como con cualquier futuro esposo, José habría querido ser el "primero" para su esposa. Quería tener hijos con ella y levantar una familia como la gente común. No quería que hubiera ninguna duda respecto a la pureza de su mujer. Pero la historia de Dios cuestionó todos esos deseos, al menos en cuanto a las apariencias externas. Debió costarle mucho a José tomar a María como esposa cuando todos los demás probablemente suponían que ella había tenido intimidad con alguien más.

Y, como cualquier futura esposa, sin duda María habría soñado con empezar la vida junto a José. Imaginaba a sus hijos jugando con sus amigos en las tranquilas calles de Nazaret. Sin embargo, ahora un manto de vergüenza la ensombrecía. La historia de Dios también le cambió los planes.

No obstante, cuando Dios visitó a esta pareja para anunciarles un cambio en los planes que tenían, la respuesta que dieron fue la misma: *Sí, Señor, aunque tu guion para nuestras vidas es totalmente distinto del que habríamos escrito, aunque no podamos ver cómo vas a lograr esto, y aunque seguramente no sabemos cómo explicárselo a nadie más... confiamos en ti.*

Poco después de la visitación angelical, María viajó al sur a un pueblo en Judá para visitar a su parienta mayor Elisabet, esposa de Zacarías, cuyo mundo también se había visto sacudido por el anuncio de un embarazo inesperado (¡imposible!). Las dos mujeres encontraron una en la otra el regalo de alguien que comprendía qué era confiar en Dios en medio de lo inexplicable.

Cuando las mujeres se encontraron, María estaba tan abrumada y emocionada por todos los acontecimientos que prorrumpió en un poema de alabanza. Hoy día lo conocemos como el Magníficat, que lleva el nombre de la palabra en latín que se encuentra en la primera línea de su canción:

> Engrandece mi alma al Señor;
> Y mi espíritu se regocija en Dios mi Salvador
> (Lucas 1:46-47).

El himno de María incluye no menos de una docena de citas y alusiones al Antiguo Testamento, particularmente notable al considerar que no había copias personales de las Escrituras para leer y que es probable que, de todos modos, María no supiera leer. Quizás se las había leído un escriba o había escuchado que su padre las citara. Pero, a pesar de que hubiera aprendido esas Escrituras, lo importante es que frente al total trastorno no anticipado en sus propios planes, María *adoró*. Exaltó el carácter de Dios. Repitió las promesas divinas y se aferró a ellas. Entendió que este giro de acontecimientos no tenía que ver con ella, sino *con Él* y su plan de salvación.

> Su misericordia es de generación en generación
> A los que le temen (v. 50).

María reconoció que estaba viviendo en un momento minúsculo dentro de un enorme esquema eterno de asuntos organizados y ordenados por Dios mismo. Las promesas del pacto eran un hilo que vinculaba las vidas por lo demás insignificantes de José y María para generaciones pasadas y futuras. Mirando al pasado, ella estaba relacionada con aquellos que habían sido los recipientes de tales promesas y habían creído en Dios cuando no podían ver el resultado de su fe. Mirando al futuro, ella sería un vínculo para el cumplimiento de las promesas de Dios a través del Hijo que llevaba en el vientre para aquellos que creyeran en Él por generaciones venideras.

> Socorrió a Israel su siervo,
> Acordándose de la misericordia
> De la cual habló a nuestros padres,
> Para con Abraham y su descendencia para siempre
> (vv. 54-55).

Después de la sorpresa inicial, la historia de José y María siguió siendo diferente a todo lo que ellos habrían escrito. Por ejemplo, justo en medio del embarazo de María, el emperador romano decretó que todos debían regresar a su ciudad natal original para participar en un censo.

¡Qué! ¿Qué momento podría ser peor para hacer un viaje de ciento treinta kilómetros desde Nazaret hasta Belén? ¡Esto no tiene ningún sentido!

Ningún sentido para el entendimiento finito de ellos. Pero total sentido para Aquel que obra todas las cosas "según el puro afecto de su voluntad, para alabanza de la gloria de su gracia" (Efesios 1:5-6), Aquel que había revelado unos setecientos años antes que el Mesías nacería en Belén (Miqueas 5:2).

En la plenitud del tiempo...

Si la joven pareja hubiera podido ver el futuro, se habría dado cuenta de que su historia, con sus dificultades y misterios para los que no había explicación humana, estaba lejos de terminar.

Cuando llevaron al templo al bebé Jesús de ocho días para la dedicación ritualmente requerida y ponerle nombre, el anciano Simeón le habló a María de las pruebas que ella debía enfrentar:

> He aquí, éste está puesto para caída y para levantamiento de muchos en Israel, y para señal que será contradicha (y una espada traspasará tu misma alma) (Lucas 2:34-35).

> José y María no tenían idea, igual que nosotros, de lo que depararía el futuro, pero su confianza en Aquel que controla el futuro era incuestionable. Por tanto, dijeron *sí*. Y al obedecer tuvieron roles fundamentales en la historia mayor que Dios escribía.

Cuando la madre adolescente recibió otra vez de brazos del anciano al hijo recién nacido y lo abrazó fuertemente, ¿cómo podía haber anticipado lo que significarían esas palabras?

María no pudo haber sabido que antes que su Hijo cumpliera tres años, ella, José y su bebé se verían obligados a mudarse a una nación extranjera, huyendo de la ira de un rey inseguro que estaba celoso por proteger su trono.

María no pudo haber sabido que su Hijo, que era pura bondad y amor, sería rechazado y despreciado por aquellos a quienes fue enviado a buscar, servir y salvar.

Tampoco pudo haber imaginado que tres décadas más tarde, siendo viuda, vería cómo su primogénito sería traicionado, falsamente acusado, torturado y asesinado.

Sí, una espada traspasaría su corazón de madre.

Sin embargo, a pesar de que María no conocía los giros específicos que tomaría su historia, esta joven mujer judía evidenció que era consciente de que su historia se relacionaba con un relato mucho más grande que el Dios de la historia estaba escribiendo. Cuando el Espíritu Santo vino sobre ella, de alguna forma captó que no era la protagonista de esta historia, que su vida estaba entretejiéndose dentro de una obra literaria maestra que Dios escribía para mostrar su gloria: la salvación de aquellos que creen y, sí, el juicio de aquellos que lo rechazan.

"Confiar y obedecer" fue la respuesta ejemplar tanto de José como de María al desarrollo de la historia que Dios escribía en sus vidas. Ellos escucharon la voz divina. No tenían idea, igual que nosotros, de lo que depararía el futuro, pero su confianza en Aquel que controla el futuro era incuestionable. Por tanto, dijeron sí. Y al obedecer tuvieron roles fundamentales en la historia mayor que Dios escribía.

La historia de esta pareja se vivió ante la mirada del registro humano. Desde su sitial en la antigua Nazaret no pudieron haber visto lo que está claro para nosotros: que el bebé que iba a nacer de María dividiría nuestro calendario en a.C. y d.C. Que la esperada redención para el pueblo de Dios vendría a través de este niño, quien era Dios encarnado.

El Santo.

La Buena Nueva del evangelio, envuelta en carne humana.

Aquel que vino a redimir y reescribir la historia humana.

CAPÍTULO 15

Consumada

La historia divina

> Cuando llegue ese final, leeremos... todo el propósito de
> Dios como un gran poema, y no habrá un versículo en ese
> propósito que tenga una sílaba de más o una palabra demasiado
> pequeña... mucho menos una que hayan borrado, sino que de
> principio a fin veremos la pluma y la mente maestra describiendo
> el glorioso conjunto de pensamientos majestuosos.
>
> CHARLES H. SPURGEON

Cuando asistes a una obra teatral, un acomodador suele entregarte una guía encuadernada —un folleto— al entrar al recinto. Se le llama Programa y te ofrece un resumen de la historia que estás a punto de ver dramatizada. Con ayuda de una señora amable que porta una pequeña linterna, encuentras tu fila y tu asiento. Entonces, ya que has llegado temprano, tienes tiempo para leer un poco.

Abres el programa. A medida que pasas las páginas te enteras quién diseñó la escenografía, algo sobre los actores y las actrices (quiénes son, de dónde vienen, sus logros) y, especialmente útil si estás viendo una ópera en un lenguaje que no hablas, una sinopsis de cada acto.

183

> No puedes saber de qué se trata una novela o una obra teatral, a dónde se dirige o cómo termina abriéndola al azar en una página intermedia. Para obtener toda la historia tienes que leer todo el libro o guion. Así pasa con la historia de Dios.

La Biblia es tu Programa esta noche. Es tu guía tras bastidores de una historia que fue escrita antes que comenzara el tiempo, cuando se dispuso la escena para la gran Producción. Nos informa lo que necesitamos saber sobre el Diseñador, los actores y la trama que se desarrolla, tanto en el escenario de la historia humana como arriba en el cielo.

Entonces, con tu Biblia en mano, la narración empieza.

Se levanta el telón. La audiencia queda en silencio. Te deslizas hasta el borde de tu asiento. No quieres perderte nada. El escenario está oscuro y vacío. La historia comienza.

En el principio creó Dios… (Génesis 1:1).

En este momento sabemos quién es el Narrador…, Aquel que relatará la historia. Su voz es la que escucharemos de principio a fin:

Y dijo Dios… (Génesis 1:3).

No puedes saber de qué se trata una novela o una obra teatral, a dónde se dirige o cómo termina abriéndola al azar en una página intermedia. Para obtener toda la historia tienes que leer todo el libro o guion.

Así pasa con la historia de Dios. La Biblia tiene un principio, un intermedio y un final. Esta trama da sentido a nuestro mundo y explica cómo encajamos en el plan eterno de Dios. Nos ofrece un contexto y un entramado mediante el cual podemos procesar las vicisitudes difíciles que vienen a nuestras vidas.

Hay cuatro actos principales en esta historia. Nuestro programa nos dice qué esperar.

PRIMERA PARTE

Acto 1: Creación. Dios creó este mundo (todo, incluso la humanidad) a fin de glorificarlo y disfrutarlo para siempre. Declaró que todo es bueno y bendijo todo lo que había creado.

Acto 2: Caída. Adán y Eva (y, a través de ellos, todos sus descendientes) decidieron rebelarse contra este Dios bueno. Las consecuencias de su declaración de independencia fueron generalizadas y trágicas. La primera pareja fue desterrada del Edén, el huerto que Dios había creado para que se deleitaran allí. La relación que tenían con Dios y entre sí se rompió. La tierra quedó bajo maldición: la maldición del pecado. Toda forma de injusticia, odio, violencia, maldad, conflicto y maltrato se gesta en el pecado del corazón y, finalmente, conduce a la muerte. Los estragos ocasionados por el pecado se ven por todas partes en nuestro mundo.

Intermedio

SEGUNDA PARTE

Acto 3: Redención. Incluso antes que el pecado hiciera su aparición, Dios puso en marcha un plan para reconciliar consigo mismo a los seres humanos y restaurarlos a un lugar de bendición. Hizo eso enviando a su Hijo a este planeta para que llevara la vida sin pecado que debíamos haber tenido y pagara con su propia vida el precio por el pecado.

Acto 4: Nueva creación. Toda la historia se mueve hacia el remate final: la consumación de su historia. Cristo regresará a esta tierra y traerá juicio eterno a sus enemigos y salvación eterna a quienes le pertenecen. Creará cielos nuevos y tierra nueva, libres de todo pecado y sufrimiento, y reinará para siempre sin rival.

En la primera parte, que conocemos como Antiguo Testamento, vemos al pueblo de Dios rebelándose contra Él. Una y otra vez el Señor extiende su misericordia y perdón. El pueblo se arrepiente. Pero peca una y otra vez. Una y otra vez.

Dios insinúa todo el tiempo los dos actos finales. Promete enviar un Salvador, que cumplirá a la perfección la ley divina que toda la humanidad ha incumplido, que triunfará donde los seres humanos han fracasado, que redimirá nuestra transgresión y caída, y nos reconciliará con el Padre.

En las páginas del Antiguo Testamento se nos dan vestigios de este Redentor venidero. Él es (y era y será):

- la Simiente de la mujer (Génesis 3:15),

- la Estrella de Jacob (Números 24:17),

- un Profeta como Moisés (Deuteronomio 18:15),

- el Comandante del ejército del Señor (Josué 5:14, NVI),

- el Pariente redentor (Rut 3:9, NVI),

- el Redentor resucitado que regresa (Job 19:25),

- el Buen Pastor (Salmos 23:1),

- el Señalado entre diez mil (Cantares 5:10),

- el Sol de justicia resucitado y con salvación en sus alas (Malaquías 4:2),

- ¡y mucho más!

Sin embargo, año tras año el pueblo espera, generación tras cansada generación. ¿Dónde está Él? ¿Cuándo vendrá? *¿Llegará* alguna vez?

Las luces del teatro brillan. Permanecemos en nuestros asientos y empieza el entreacto. Pero este no es un intervalo común y corriente.

Esta suspensión del drama dura cuatrocientos años. El escenario queda a oscuras y aletargado. El Narrador permanece en silencio.

Ya no hay profetas. Los sacerdotes continúan sus rutinas, pero en sus memorias se debilitan las promesas de que amanecerá un nuevo día. El pueblo de Dios vive generación tras generación en apagón celestial.

Entonces titilan las luces en el vestíbulo. La larga espera ha terminado.

La segunda parte está a punto de comenzar.

Regresas a tu asiento y vuelves a mirar el Programa. De alguna manera habías pasado por alto el nombre del próximo acto. Ahora lo ves impreso allí mismo: *Redención*.

Este es el acto donde Dios entra personalmente a la historia a través del nacimiento de un bebé y lleva el acto a un punto culminante con una muerte y una resurrección. Aunque anunciadas durante mucho tiempo, estas novedades en la trama tomaron por sorpresa a todos (menos a Dios, desde luego). ¡Y lo cambiaron todo!

> Por mucho tiempo el mundo languideció en sus
>   errores y pecados
> hasta que Dios apareció y derramó su inmenso amor.
> Un rayo de esperanza; el alma cansada se regocija,
> ¡y por allí se levanta una mañana nueva y gloriosa![1]

Paraíso (creación), *paraíso perdido* (la caída) y *paraíso restaurado* (redención y nueva creación), estas son las grandes ideas de la historia de Dios. Pero ahora mismo estamos viviendo en una transición entre el paraíso perdido y el paraíso restaurado. Todavía sufrimos los efectos de la caída y, muy a menudo, parece que la maldad prevalece.

Pero gracias a Dios, a través de Cristo, nuestro Padre fiel y todopoderoso está en el proceso de redimir y renovar todas las cosas.

> Todavía sufrimos los efectos de la caída y, muy a menudo, parece que la maldad prevalece. Pero gracias a Dios, a través de Cristo, nuestro Padre fiel y todopoderoso está en el proceso de redimir y renovar todas las cosas.

Hay páginas y capítulos en nuestras vidas que parecen tener poco sentido. Incluso pueden parecer crueles y despiadados, sin duda no la clase de historia que un Dios bueno escribiría.

Si tan solo nos fijáramos en la pequeña parte de la realidad en que vivimos, llegaríamos a la conclusión, como muchos hacen, de que nuestro mundo está totalmente enloquecido y que simplemente somos víctimas de un destino al azar o de un Dios malevolente que es indigno de nuestra confianza y lealtad. Por supuesto, no tendríamos ninguna razón para tener esperanza, paz o gozo.

No obstante, en la Palabra de Dios encontramos una trama que nos muestra lo que una vez fue todo y cómo las cosas llegaron a donde están hoy día. Y allí encontramos un Dios que es fiel, cuya historia no puede frustrarse, y que siempre está obrando para cumplir su plan bueno y eterno, usando incluso acciones y circunstancias humanas torcidas para al final traer gloria a sí mismo. Y encontramos promesas de un futuro brillante y seguro que nos espera.

¿Te has encontrado alguna vez leyendo una novela y deseando ir hasta el final para averiguar qué sucede? La trama es compleja y aterradora, y cada página es emocionante. Parece que los chicos malos dominan y acaban con los chicos buenos. Quieres saber: "¿Cómo acabará todo esto?". Ansías averiguar si los problemas se resuelven, si los misterios se solucionan y si habrá un final feliz, y cómo ocurrirá eso.

A veces eso es lo que queremos en la vida: poder mirar adelante y saber lo que ocurrirá. ¿Me enviará el Señor un compañero alguna vez? ¿Volverá mi matrimonio a ser feliz? ¿Regresará a casa mi hijo pródigo? ¿Podré encontrar un empleo? ¿Sobrevivirá mi hermana a este diagnóstico? ¿Creerá alguna vez en Cristo mi anciano e incrédulo padre? ¿Cómo será mi muerte?

Queremos omitir los capítulos largos y difíciles, con todo el sufrimiento y los problemas, y llegar al final. Desde luego, eso no es posible.

Sin embargo, Dios en su Palabra nos habla bastante sobre el final de la historia con el propósito de darnos esperanza y valor para enfrentar lo que hay entre aquí y allá... de vez en cuando.

> En la Palabra de Dios encontramos un Dios que es fiel, cuya historia no puede frustrarse, y que siempre está obrando para cumplir su plan bueno y eterno, usando incluso acciones y circunstancias humanas torcidas para al final traer gloria a sí mismo.

Es difícil sobreestimar la importancia de un final fuerte. Una buena conclusión hace que todo lo transcurrido sea significativo. De otra manera nos desilusionamos.

En ocasiones, el final no es para nada lo que esperabas. Es posible que, cuando estuviste en el colegio, hubieras leído algunas historias cortas de William Sydney Porter (1862–1910), mejor conocido por su pseudónimo "O. Henry". Sus historias se sitúan en su época y a menudo tratan con personas comunes. Entre una de sus más famosas está *El regalo de los reyes magos*, que se ha contado en innumerables formas y variaciones durante los últimos cien años.

La característica distintiva de las historias cortas de O. Henry es su sorpresa final. Cuando pasas la página, piensas: *Vaya, ¡no esperaba eso!*, entonces, de repente, todo tiene sentido. Como lector, eres recompensado por tu paciencia y quedas satisfecho de que el resultado sea como debe ser.

Al final, la historia de Dios será así, y será mucho mejor de lo que hubiéramos imaginado, sorprendiendo y deleitando a todos los que confiaron en Él. Pero el final también será impresionante y terrible para todos aquellos que creyeron que podían hacerle caso omiso o desafiarlo y salirse con la suya. Será mucho peor que cualquier cosa que hayan imaginado.

Denouement (Desenlace) es una palabra que me ha gustado (a Nancy) desde que la aprendí en una clase de literatura de la secundaria. Es francesa y se refiere a la parte final de una historia, la parte donde todas las líneas de la trama se unen y todo se explica o se resuelve. Es generalmente el momento en que todo se clarifica y el resultado final se revela.

Como escritor de una historia no querrás revelar demasiado temprano todas las novedades de la trama. Querrás mantener contigo a los lectores hasta el mismo final. Algo así como guardar los fuegos artificiales más grandes, brillantes y mejores para el final del espectáculo por el Día de la Independencia. O a Jesús haciendo el mejor vino al final de la fiesta de bodas en Caná.

Sin embargo, el acto final de la historia de Dios eclipsará la conclusión de todas las demás historias jamás contadas.

Deus ex machina es una expresión del antiguo teatro griego que literalmente significa "el dios que viene de la máquina". Este recurso lo usaban en ocasiones los dramaturgos antiguos cuando no podían imaginar cómo resolver una trama compleja o desesperada. Usaban maquinaria para hacer volar un "dios" en el escenario, a veces sobre una nube, con la finalidad de resolver los problemas y anunciar de modo dramático el "Fin". Rápido. Hermoso. Cae el telón.

La expresión se usa ahora para referirse al tipo de final de historia "en el cual una fuerza externa determina el resultado en lugar de las acciones y decisiones tomadas por los personajes".[2] En el último segundo, de la nada, algo o alguien aparece de pronto, elimina a los malos, rescata a los buenos, resuelve el conflicto y arregla todo lo que está mal.

Los profesores de escritura concuerdan en que *deus ex machina no* es la manera de terminar una historia. Se considera un modo perezoso de concluir, un atajo para resolver problemas complejos e idear una solución. Además, simplemente no es verosímil.

No obstante, este recurso dramático nos brinda una sensación de cómo concluirá la historia de Dios. *Deus ex machina* nos recuerda uno de los pasajes más dramáticos y culminantes en toda la Palabra de Dios. Se encuentra casi al final de la Biblia y describe el resultado de la batalla final en la que Dios asestará el golpe decisivo a toda rebelión e injusticia:

> Entonces vi el cielo abierto; y he aquí un caballo blanco, y el que lo montaba se llamaba Fiel y Verdadero, y con justicia juzga y pelea.... Estaba vestido de una ropa teñida en sangre; y su nombre es: EL VERBO DE DIOS. Y los ejércitos celestiales, vestidos de lino finísimo, blanco y limpio, le seguían en caballos blancos. De su boca sale una espada aguda, para herir con ella a las naciones, y él las regirá con vara de hierro; y él pisa el lagar del vino del furor y de la ira

del Dios Todopoderoso. Y en su vestidura y en su muslo tiene escrito este nombre: REY DE REYES Y SEÑOR DE SEÑORES (Apocalipsis 19:11-16).

¡Aquí se habla de Dios (no de "un dios") que llega volando para enderezar todo lo malo en esta tierra pecadora! Este es el principio del final… y entonces ocurre la nueva creación. Todas las cosas se hacen buenas y nuevas. El paraíso se restaura, para no volver a perderse.

Este es el desenlace de la historia de Dios, el final satisfactorio y la explicación que esperamos, incluso mientras experimentamos sufrimiento, pérdida y quebranto de vida en este estado de "ya, pero todavía no". Esta es la esperanza a la cual aferramos nuestras almas. La promesa a la que apostamos nuestras vidas.

¡Aleluya! ¡Ha terminado! ¡Amén!

¡Ven, Señor Jesús!

CAPÍTULO 16

Puedes confiar en Dios... Realmente puedes hacerlo

Tu historia

> Tu historia es una biografía de sabiduría y gracia
> escrita por otro escritor. Cada giro que Él escribe en
> tu historia es adecuado. Cada giro de la trama es para
> lo mejor. Cada nuevo personaje o acontecimiento
> inesperado es una herramienta de su gracia.
> Cada nuevo capítulo adelanta su propósito.
>
> PAUL TRIPP

*I*magina que estás viendo jugar a tu equipo deportivo favorito en una final de campeonato. El partido se define en el último minuto y los dos equipos están parejos. Normalmente estarías al borde de tu silla, emocionado, conteniendo el aliento y gritando: "¡Lo que faltaba!", cuando se hace una mala jugada.

Sin embargo, no esta vez. En vez de eso, agarras un bocadillo, te sientas en tu sillón favorito, levantas los pies y disfrutas el partido. No tienes nada de ansiedad. ¿Por qué?

Porque estás viendo una repetición del partido. Ya sabes el

resultado, sabes que tu equipo *ganó*. Eso cambia por completo la manera en que ves el partido. Sabes cómo va a terminar. No tienes que estar en tensión.

Por supuesto, la vida es mucho más seria que un partido. ¡A veces es más como una guerra! Pero, para quienes están en Cristo, no hay necesidad de preocuparse, por malas o frustrantes jugadas que se hagan.

¿Por qué?

¡Porque sabemos quién gana! Y es por eso que podemos seguir confiando en Dios, incluso en esos momentos en que nuestra historia no se desarrolla del modo que esperábamos o creíamos que debería ser.

Escuchamos por primera vez la historia de Tayler Beede de boca de su padre Scott Lindsay, quien es amigo nuestro; desde entonces lo hemos seguido en un par de blogs para los que él escribe.

Tayler tenía sueños y planes cuidadosamente diseñados para su futuro junto a su esposo Kyle. Y estos planes no incluían la pérdida de un bebé y un tumor cerebral, todo antes de los veintidós años de edad. Eso no es lo que alguna vez ella esperó o por lo que oró.

No obstante, así es como se ve su historia hasta ahora. Y Tayler ha estado en un viaje para abandonar esos sueños a los que una vez se aferró fuertemente. Ella escribe:

> Si confío realmente mi vida a Dios, eso significa confiarle cada aspecto. Toda palabra, frase y capítulo. Aunque siento que no puedo esperar para pasar la página y ver lo que sucede a continuación…
>
> Todo es parte de lo que hace a nuestra fe tan aterradora y sin embargo tan hermosa. Y debido a nuestra fe en Cristo sabemos que al final Él redimirá todas las manchas aterradoras y al parecer sin esperanza.[1]

"Por tanto, cuéntanos tu historia".

Esto es algo que decimos a menudo a las personas, incluso a extraños con quienes acabamos de entablar una conversación.

Cuando te hacemos esta petición no nos referimos a las historias que publicas en Instagram, para entretener o impresionar. Queremos escuchar tu historia: quién eres realmente y cómo llegaste allí; tus anhelos y cargas, gozos y pruebas, luchas y dificultades; lo que te mantiene despierto en la noche y lo que te levanta en la mañana.

En respuesta podrías pensar: *No hay nada especial en cuanto a mí o mi historia. ¿En serio? ¿Por qué le importaría a alguien?*

Ah, pero realmente nos importa tu historia. E incluso más, creemos que a Dios le importa, le importa la historia que Él está en proceso de moldear a través de tu vida.

Podrías estar pensando: *¡Pero mi historia es un desastre! Y has estado diciéndome que puedo confiar en que Dios la escribe. ¿Cómo podría la historia de Dios para mi vida (o para la vida de alguien a quien amo) incluir lo que sigue a continuación?*

> Nos gustaría experimentar los beneficios y las bendiciones del sufrimiento... sin sufrir. Admiramos las historias de gracia de otros que atraviesan el fuego, pero queremos que nuestras propias historias sean a prueba de fuego. Sin embargo, Dios nos ama demasiado como para permitir que tengamos ese tipo de vida.

- No saber quién fue mi padre y ser abandonado por mi madre cuando yo tenía dos años;

- Escuchar a mi esposa decir: "He hallado otra persona";

- Que un intruso desconocido irrumpa en mi apartamento y me viole en mi último año de universidad;

- Sufrir varios abortos involuntarios y dolorosos y no poder tener un bebé;

- Ver a mi hija irse de casa en abierta rebelión… sin saber dónde se encuentra o si la volveré a ver;

- Sentarme en el consultorio de un médico y escuchar: "Ya tenemos los exámenes. Tienes esclerosis múltiple";

- O _____ (llena el espacio en blanco).

Estos son capítulos en la historia de tu vida para los que no hay explicaciones simples.

Ser seguidores de Cristo no nos hace inmunes al dolor y la aflicción. Es más, algunos de los hombres y las mujeres más fieles en la Biblia sufrieron en gran manera. Y eso no es una coincidencia.

Durante más de treinta años de enseñar en la escuela dominical, yo (Robert) elegía el mismo texto bíblico el primer domingo de cada nuevo año. Este pasaje conocido en Hebreos 12 habla de una grande "nube de testigos" que nos rodea cuando corremos la carrera que Dios nos ha asignado (v. 1). Cuando nos cansamos de correr, cuando queremos rendirnos, esta enorme multitud en las gradas nos anima a seguir adelante.

¿Y quiénes son estos testigos? Podemos leer sobre algunos de ellos en el capítulo previo de Hebreos, donde encontramos una larga lista de héroes de la fe. Admiramos a estos hombres y mujeres del Antiguo Testamento y sus logros. Queremos emular su fe. Pero la mayoría de sus historias tuvieron páginas que ninguno de nosotros querría tener como parte de nuestra vivencia. Es más, muchos tuvieron lo que podríamos considerar finales trágicos, para nada la manera en que creemos que deberían terminar las historias de los fieles siervos de Dios:

> Otros fueron atormentados, no aceptando el rescate, a fin de obtener mejor resurrección. Otros experimentaron vituperios y azotes, y a más de esto prisiones y cárceles. Fueron apedreados, aserrados, puestos a prueba, muertos a filo de espada; anduvieron de acá para allá cubiertos de pieles de ovejas y de cabras, pobres, angustiados, maltratados; de los cuales el mundo no era digno; errando por los desiertos, por los montes, por las cuevas y por las cavernas de la tierra (Hebreos 11:35-38).

¿Cómo entonces soportaron los santos fieles? ¿Qué les impidió tirar la toalla?

Para empezar, sabían que lo que podían ver no era el final de la historia. Sabían que Dios tenía por delante más para ellos. Mantenerse firmes en esa promesa les permitió perseverar en esperanza, aunque su sufrimiento no terminara en esta vida.

> Conforme a la fe murieron todos estos sin haber recibido lo prometido, sino mirándolo de lejos, y creyéndolo, y saludándolo, y confesando que eran extranjeros y peregrinos sobre la tierra. Porque los que esto dicen, claramente dan a entender que buscan una patria... Pero anhelaban una mejor, esto es, celestial; por lo cual Dios no se avergüenza de llamarse Dios de ellos; porque les ha preparado una ciudad (vv. 13-16).

Estos santos no vieron la historia completa durante su vida aquí en la tierra. Nosotros tampoco podemos ver toda la historia durante nuestra breve estadía aquí.

Estos hombres y mujeres nos han precedido. Ya corrieron su carrera. Sus historias concluyeron. Pero la nuestra aún está escribiéndose. Por eso el escritor de Hebreos insta: "Corramos con paciencia la carrera que tenemos por delante" (Hebreos 12:1). Nuestros antepasados espirituales corrieron su carrera, ahora es el momento de que corramos la nuestra. Y eso requiere perseverancia, aguante y firmeza.

¿Cómo se desarrollan esas cualidades? Por medio de sufrimientos, pruebas y tribulaciones. No hay excepciones. Ni atajos.

A lo largo de la escritura de este libro, muchos queridos amigos (y algunos desconocidos) nos han abierto sus corazones. Nos han confiado algunos de los capítulos más sombríos y difíciles de sus historias, es decir, los recuerdos más dolorosos. Nuestras conversaciones con ellos han sido terreno sacro para nosotros. Una mayordomía sagrada.

> La historia de Dios es mucho más que otorgarnos un simple y tranquilo viajecito al cielo. ¡Tiene que ver con que su reino viene y con que su voluntad se hará tanto en la tierra (¡en nosotros!) como en el cielo! Tiene que ver con prepararnos y adecuarnos para la eternidad.

En cada caso nos hemos maravillado de la resistencia que estos hombres y mujeres han exhibido durante los tramos más difíciles de la carrera frente a ellos. Y nos hemos asombrado al observar el fruto increíblemente abundante y agradable que ha nacido de sus vidas... no a pesar de su dolor y su pérdida, sino debido a eso.

Nos hemos alejado de estos diálogos recordando que la aflicción hace realmente todo aquello que las Escrituras nos dicen... en nosotros y a través de nosotros:

> La tribulación produce paciencia; y la paciencia, prueba; y la prueba, esperanza; y la esperanza no avergüenza (Romanos 5:3-5).

En medio del fuego, estos amigos se han aferrado a las promesas divinas; y no se han desilusionado. Nunca fueron abandonados por Dios (aunque a veces se hayan sentido solos). Por el contrario, han experimentado la cercanía y el cariño del Señor como nunca antes. Y, por extraño que parezca, en su mayoría nos han dicho que no cambiarían su experiencia, su dolor y todo lo vivido, por cualquier cosa que el mundo pueda ofrecer.

A todos nos gustaría tener esa clase de fruto en nuestras vidas. Queremos estar más cerca de Dios, tener fe fuerte y paz inquebrantable, nadar en las profundidades del amor y la gracia del Señor, reflejar carácter piadoso probado y ser personas llenas de esperanza. Pero preferiríamos tener todo eso sin pasar por lo que ellos han pasado.

Nos gustaría experimentar los beneficios y las bendiciones del sufrimiento... sin sufrir.

Admiramos las historias de gracia de otros que atraviesan el fuego, pero queremos que nuestras propias historias sean a prueba de fuego.

Sabemos que los diamantes se forman en lugares oscuros de la tierra bajo fuerte presión a través de períodos prolongados. Pero queremos el resultado (gemas brillantes y preciosas) sin el proceso.

Si tuviéramos que escribir nuestras propias historias o las de nuestra familia y amigos cercanos, optaríamos por cielos soleados y por ir viento en popa, y nos saltaríamos los días lúgubres y tormentosos. Página tras página incluiríamos lo que es conocido y previsible, con la menor cantidad posible de cambios y sorpresas. Nos gustaría flotar en las aguas tranquilas y superficiales del río perezoso de la vida, evitando todas las corrientes o los rápidos que no podemos manejar por nuestra cuenta.

¿El resultado final? Escribiríamos una narración en que realmente no necesitaríamos a Dios excepto quizás como un dispensador cósmico de bendiciones.

Sin embargo, Dios nos ama demasiado como para permitir que tengamos ese tipo de vida.

Nos ama demasiado para hacernos eso.

"No tienes una historia hasta que sucede algo malo".

El consejo conciso del experto narrador y exitoso novelista Steven James para escritores potenciales también se aplica a la historia que Dios está escribiendo en nuestras vidas. James lo declara así:

> En esencia, una historia tiene que ver con una persona que trata con tensión, y la tensión la crea un deseo insatisfecho. Sin fuerzas de antagonismo, sin contratiempos, sin un acontecimiento crítico que inicie la acción, no tienes historia.[2]

La historia de Dios es mucho más que otorgarnos un simple y tranquilo viajecito al cielo. ¡Tiene que ver con que su reino viene y con que su voluntad se hará tanto en la tierra (¡en nosotros!) como en el cielo! Tiene que ver con prepararnos y adecuarnos para la eternidad. Y con que cambiemos y pasemos de niñitos inmaduros, absortos en nosotros mismos, adoradores de ídolos, quejumbrosos y pecadores a seguidores y amigos maduros, absortos en Cristo, que exaltan a Dios, agradecidos y obedientes. Al igual que todas las buenas historias, la del Señor tiene que ver con *transformación*.

Steven James explica:

> La trama es el viaje hacia la transformación... En su nivel más fundamental, una historia es una transformación descubierta, ya sea la transformación de una situación o, más comúnmente, de un personaje.[3]

El factor determinante en el proceso de cambio es la forma en la que el personaje responde al argumento. James señala que toda historia tiene dos clases de personajes: "personas de piedra" y "personas de arcilla". He aquí cómo él describe la diferencia:

> Si agarras una piedrecita y la lanzas contra una pared, rebota sin ningún cambio. Pero si con bastante fuerza lanzas una pelota de arcilla contra una pared, cambia la forma... Cuando lanzas [a una persona de arcilla] a las crisis de la historia, cambia para siempre... Al final de la historia tendrá siempre una forma diferente de la que tenía al principio.[4]

Las personas de piedra permanecen iguales sin que importe lo que les suceda y lo que suceda a su alrededor. No son particularmente interesantes. Lo más importante es que en la historia de Dios, las personas de piedra tienden a resistirse a lo que Él quiere hacer con sus vidas.

Sin embargo, *las personas de arcilla* le dicen a Dios: "Tú eres el Alfarero; yo soy el barro (véase Jeremías 18:1-6). Cámbiame, moldéame y si es necesario, rómpeme y vuelve a formarme... en la persona que deseas que yo sea".

Una de esas "personas de arcilla" ha sido alterada para siempre por el sufrimiento, y a cambio se ha convertido en un instrumento de gracia y transformación en muchas otras vidas, inclusive la nuestra.

Un caluroso día de verano en 1967, una jovencita de diecisiete años se zambulló en la bahía de Chesapeake cerca de su casa en Maryland. Calculó mal la profundidad del agua y golpeó el fondo, rompiéndose el cuello. En un instante, esta despreocupada adolescente se convirtió en tetrapléjica. Quedó confinada a

> Para todo hijo de Dios, en toda circunstancia, lo mejor está realmente por venir.

una silla de ruedas durante el resto de su vida, incapaz de mover brazos y piernas y, a menudo, con dolor crónico. Nunca volvería a ser la misma. La mayoría de personas llamarían a esto "un accidente trágico".

Y así es como nuestra querida amiga **Joni Eareckson Tada** se vio durante los dos años siguientes de hospitalizaciones y rehabilitación mientras luchaba con una ira intensa, depresión, pensamientos suicidas, dudas sobre su fe y miedo al futuro. Joni recuerda:

> Quería confiar en Dios, pero todavía estaba ansiosa... Si Dios permitió que mi accidente sucediera a tan joven edad, accidente que me dejó tetrapléjica, ¿qué podría Él hacer después? ¿Qué más haría?[5]

Entonces Dios, en su providencia, trajo a un joven llamado Steve Estes a la vida de Joni. Él no se desanimó por los difíciles interrogantes de Joni, y con paciencia la ayudó a encontrar un asidero sólido para su corazón, incluso mientras ella experimentaba gran dolor físico, intentando descubrir cómo hacer que ese cuerpo inmóvil funcionara. Después que Joni salió del hospital, él se reuniría semanalmente con ella y con un par de amigos más, cuya fe también se había estremecido por la tetraplejia de Joni.

Con Biblia en mano, Steve les mostró que Dios odia el dolor humano, pero que nuestro dolor encaja en un "gran mosaico", una imagen mayor que es clara para Él pero que, en gran manera, está oculta para nosotros. En este lado de la eternidad, no podemos ver cómo resultará al final esta perspectiva. Pero Dios sabe el resultado, y ha prometido que terminará en gran bien para nosotros y gran gloria para sí mismo.

Cuando le piden que determine qué cambió en Joni toda la perspectiva después del accidente, contesta sin vacilación que fue la noche en que Steve se volvió hacia ella y le dijo: "Joni, Dios a veces permite lo que odia para conseguir lo que ama".[6]

Esa frase se convirtió en una bombilla encendida para Joni. Vio, por ejemplo, cómo Dios permitió que su propio Hijo fuera condenado a muerte, odiando la crueldad e injusticia mientras amaba lo que se conseguiría en la cruz: salvación para todos los que creerían.

> De igual manera, Dios odiaba la lesión de mi médula espinal, pero permitió que ocurriera ese horrible, horrible accidente que resultó en mi parálisis permanente. Sin embargo, Él se deleitó [en] cómo mi accidente encajó en un gran mosaico de bien no solo para mí, sino para muchas otras personas con discapacidades, personas a las que he tenido la oportunidad de ayudar... Sí, Dios permitirá cosas que detesta, pero las permitirá para que se pueda conseguir algo que ama.[7]

¿Qué ha permitido Dios que sea parte de tu historia y que parece incongruente con su bondad y amor? ¿Podría Él estar permitiendo "eso" que odia para lograr lo que ama?

Mientras analizábamos este tema con nuestro amigo y productor de cine, Stephen Kendrick, lo expresó así: "A Dios le gusta usar cosas muy pero muy malas para hacer cosas realmente buenas".

Al trabajar en este capítulo, yo (Nancy) me encontré con una amiga cuyo esposo, de poco más de cincuenta años, se encuentra en etapas avanzadas de la enfermedad de Alzheimer de inicio temprano y ahora requiere atención médica a tiempo completo. Ha sido un viaje agotador para los dos, y no ha terminado. Pude escuchar la debilidad en la voz de mi amiga cuando hablé con ella. Desde nuestra perspectiva finita y limitada, esto no tiene absolutamente ningún sentido.

Sabemos que el sufrimiento es parte inevitable de la historia de todo ser humano. No debería sorprendernos. Pero cuando nos llega a nosotros, ¿cómo tratamos con él? ¿Cómo perseveramos? Cuando olas enormes se arremolinan a nuestro alrededor, ¿cómo evitamos hundirnos?

Tener una perspectiva correcta es fundamental: elevar nuestros ojos *hacia* Dios y no *hacia* nuestras circunstancias o *hacia* nosotros mismos. Aconsejar a nuestros corazones de acuerdo con la verdad. Realinear nuestros pensamientos y nuestras emociones de acuerdo con la historia de Dios.

En 1895, un pastor, maestro y escritor surafricano llamado Andrew Murray (1828–1917), predicaba en grandes conferencias cristianas en Inglaterra. Debido al dolor físico provocado por una lesión sufrida años antes (fue lanzado de un auto mientras viajaba y ministraba),[8] y después de recibir algunas críticas desalentadoras de una persona conocida, el exhausto Murray optó por permanecer en cama un domingo por la mañana. Pero, en lugar de revolcarse en el desánimo o la melancolía, decidió escribir anotaciones para animarse.

En la parte superior del papel escribió: "En momentos de tribulación digo…". Luego anotó lo siguiente, aconsejando a su corazón con la verdad:

> *Primero,* Dios me trajo aquí; es por su voluntad que estoy en esta dificultad: en ese hecho descansaré.

> *Después,* Él me mantendrá aquí en su amor, y me dará gracia para comportarme como su hijo.

> *Luego,* convertirá la prueba en bendición, enseñándome las lecciones que quiere que yo aprenda, y permitiendo que en mí obre la gracia que desea concederme.

> *Por último,* en su buen momento, Él puede volver a sacarme de la prueba; cómo y cuándo, Él lo sabe.

> Digamos que estoy aquí,

> 1) Por designio de Dios.
> 2) En su custodia.
> 3) Bajo su entrenamiento.
> 4) Durante su tiempo.[9]

No logramos recordar estas verdades con demasiada frecuencia. Es más, quizás quieras copiar las palabras de Murray y colocarlas donde puedas revisarlas siempre que atravieses un "momento de prueba". A continuación, una de las citas que yo (Nancy) pronuncio con más frecuencia, del pastor y escritor Warren Wiersbe, que tal vez desees añadir a la afirmación de Andrew Murray:

> Cuando Dios nos pone en el horno, siempre tiene la mirada en el reloj y la mano en el termostato.[10]

Siempre.

Nunca olvides que Dios te ama. Está observándote. Sabe hasta qué punto puedes soportar y por cuánto tiempo. Sabe que lo que atraviesas no durará eternamente. Y cualquiera que sea el sufrimiento que experimentes, sea que tengas algo que no quieres o que quieras algo que no tienes, esta es la clase de perspectiva celestial adecuada que te brindará gracia, valor y resistencia para continuar.

En primer lugar, levanta la mirada. Fortalécete visualizando la providencia y los propósitos de Dios.

Después, mira hacia delante. Encuentra esperanza aferrándote a las promesas de Dios. Esto es lo que mantuvo a **Andrea y Josh Smith** avanzando en la carrera que Dios tenía para ellos.

Andrea era corredora, siempre se había entrenado con regularidad y, hasta donde sabemos, estaba perfectamente sana. Entonces, en 2013, le diagnosticaron cáncer en etapa 4. Tenía un gran tumor en la caja torácica, rodeándole el corazón, así como un tumor en el hígado. Ella y su pastor-esposo Josh y sus cuatro hijas jóvenes no podían haber imaginado el increíblemente largo y difícil camino que enfrentarían en los meses siguientes. Debido a que el tumor le rodeaba el corazón, la cirugía no fue una opción al principio. En los nueve meses siguientes, la sometieron a seiscientas horas de quimioterapia, cuatro inyecciones cefalorraquídeas para llevar la quimio al cerebro, una cirugía mayor y veinticuatro rondas de radiación. Andrea estuvo sumamente enferma durante mucho tiempo.

Sin embargo, ella y Josh entendieron que Dios estaba escribiéndoles la historia. A lo largo del viaje en que participaban, Josh enviaba actualizaciones periódicas por correo electrónico a quienes los llevábamos en nuestros corazones. Por desalentadores que fueran los últimos informes, él siempre firmaba sus actualizaciones de este modo:

> No solo puedes confiar en que Dios escribe tu historia; también puedes tener la seguridad de que al final, ¡Él la *corregirá*! Cada pecado o injusticia cometida contra ti, toda decisión pecaminosa o insensata que tomes, todo lo que temías que marcaría y arruinaría de forma permanente tu vida, todo lo que era confuso, retorcido y corrupto... un día todo se arreglará.

Lo mejor está por venir.

En la misericordia de Dios, Andrea se recuperó... parece que de manera sobrenatural. Pero durante mucho tiempo, Andrea y Josh no tenían idea de si iban a experimentar un resultado positivo en este lado del cielo. No los respaldaba ninguna garantía de que Andrea estaría bien en esta vida, sino la confianza de que al final todo resultaría bien.

Cuando yo (Nancy) seguía la historia de Josh y Andrea, me sorprendió el recordatorio continuo en cada actualización de que, para todo hijo de Dios, en toda circunstancia, lo mejor está realmente por venir. Nuestra esperanza de un futuro gozoso no está en curaciones ni médicos, ni en respuestas o soluciones a nuestros problemas, sino en la seguridad de que...

> Cosas que ojo no vio, ni oído oyó, ni han subido en corazón de hombre, son las que Dios ha preparado para los que le aman (1 Corintios 2:9).

Recuerda que no sabes qué dice el último capítulo. Por el momento estás en medio de un párrafo, de una página, de un capítulo, de un libro entero. Puedes confiar en Dios no solo por el párrafo en que te encuentras, sino por todo párrafo y capítulo venidero. Además, no solo puedes confiar en que Dios escribe tu historia; también puedes tener la seguridad de que al final, ¡Él la *corregirá*!

¡Qué esperanza debería darte eso entre ahora y entonces! Cada pecado o injusticia cometida contra ti, toda decisión pecaminosa o insensata que tomes, todo lo que temías que marcaría y arruinaría de forma permanente tu vida, todo lo que era confuso, retorcido y corrupto... un día todo se arreglará.

A la luz de esa promesa, podemos orar las palabras de Scotty Smith:

> *Concédenos nueva gracia para esperar en ti*
> *para el futuro y la esperanza a la que nos has llamado...*
> *Convierte nuestros gemidos en adoración,*
> *nuestras quejas diarias en disfrute del presente*
> *y nuestras preocupaciones en fe.*[11]

Amén.

Con gratitud

La idea inicial de *Confía en Dios para escribir tu historia* nació de una conversación con un editor que resultó no ser el editor. En 2016, los principales productores cristianos de libros de regalo, Countryman Books, hablaron con nosotros acerca de contar en un libro nuestra extraordinaria historia de amor. Con el tiempo, el concepto cambió y la longitud del manuscrito aumentó. Cuando todo se dijo y se hizo, no resultó ser lo más adecuado para un formato de libro de regalo, por lo que acordamos movernos en una dirección distinta. Gracias a Laura Minchew, Jack Countryman, LeeEric Fesco y Kristen Parrish por poner manos a la obra y por su gracia en este proceso.

Nuestros amigos en Moody Publishers retomaron el proyecto y acordaron publicar esta obra. A veces la palabra *amigo* se usa sin mucha reflexión y sin considerar el significado. Pero en este caso es más apropiado de lo que puedas imaginar. Los hombres y las mujeres que supervisan y dirigen Moody Publishers son en realidad queridos amigos: Greg Thornton, Paul Santhouse, Randall Payleitner, Judy Dunagan, Connor Sterchi, Erik Peterson, Janis Todd, Ashley Torres y Kate Warren, entre muchos otros. Nuestro agradecimiento para cada uno de ustedes.

Una vez terminado el primer borrador del manuscrito, llamamos a otra amiga de mucho tiempo, Anne Christian Buchanan, quien, en el lenguaje editorial, podría considerarse una doctora licenciada en libros. Las habilidades técnicas y lingüísticas de Anne, unidas a su sabiduría colmada de gracia, llevaron pacientemente nuestro manuscrito al siguiente nivel. ¡Gracias, Anne!

También agradecemos a Erik Wolgemuth, nuestro agente y

promotor de este proyecto, así como a nuestros demás colegas en Wolgemuth & Associates. ¡Cuánto nos alegra trabajar con estas personas capaces!

Muchísimas gracias a nuestro ministerio asociado Aviva Nuestros Corazones, cuyo fiel apoyo, ánimo y sus oraciones nos hicieron posible emprender este proyecto.

Nuestro más profundo agradecimiento para las personas cuyas historias narramos en este libro. Con algunas nos reunimos personalmente. Con la mayoría hablamos por teléfono. Al final de cada conversación nos mirábamos con una nueva sensación de asombro al comprender qué regalo nos habían dado al contar sus historias, y también al meditar en la responsabilidad que teníamos de compartir contigo lo que acabábamos de escuchar.

Finalmente, agradecemos a la providencia de nuestro Padre celestial, quien nos ama, va delante de nosotros, dirige nuestros pasos y está escribiendo fielmente cada una de nuestras historias. ¡Qué desesperadas serían nuestras vidas sin Él… y cuán maravillosas son bajo su cuidado amoroso!

Notas

Introducción

Epígrafe: Citado en Ryan y Tina Essmaker, "Scott and Vik Harrison", entrevista publicada en The Great Discontent (sitio web), 12 de febrero de 2013, https://thegreatdiscontent.com/interview /Scottt-and-vikharrison.

1. En un final encantador, la historia de Dios concluye en una ciudad jardín: el Edén celestial. Véase Apocalipsis 2:7 (la palabra castellana *paraíso* viene de una expresión griega que significa "parque" o "jardín") y 22:1-2.

Capítulo 1: De aves, flores y tú: Vivir bajo la providencia

Epígrafe: Donna Kelderman, *Seasons of the Heart: A Year of Devotions from One Generation of Women to Another* (Grand Rapids: Reformation Heritage Books, 2013), 17 de agosto.

1. Noah Webster, *American Dictionary of the English Language*, Webster's Dictionary 1828—edición en línea, bajo "providence", http:// webstersdictionary1828.com/Dictionary/providence.

2. Charlie Dates (@CharlieDates), "Estoy asombrado de cómo en un vuelo agitado la voz del piloto es tranquila y segura cuando se dirige a los pasajeros". Twitter, 9 de enero de 2019, http://www.twipu.com /CharlieDates/tweet/1083043266407292934.

3. "No se avergonzarán los que esperan en mí" (Isaías 49:23) también puede traducirse "Los que confían en mí nunca serán avergonzados" (NTV). Véase https://www.biblegateway.com/verse/es/Isa%C3%A Das%2049:23.

Capítulo 2: Escogida: La historia de Ester

Epígrafe: Tony Evans, *Pathways: From Providence to Purpose* (Nashville: B&H, 2019), p. 166.

1. "¿Quién era Amán el agagueo?", Diccionario Enciclopédico de Biblia y Teología, consultado el 7 de julio de 2019, https://www.google .com/search?q=quien+era+aman+agagueo&rlz=1C1CHJL_ esEC846EC846&oq=%C2%BFQui%C3%A9n+fue+Am%C3% A1n+el+agagueo%3F&aqs=chrome.1.69i57j0.20268j0j7 &sourceid=chrome&ie=UTF-8.

2. Hasta el día de hoy, la festividad de Purim, llamada así por el "Pur" que Amán echó para determinar la fecha de su genocidio planeado, se reconoce entre los judíos como el día en que Amán fue ahorcado y en que la nación judía se salvó.

3. Maltbie D. Babcock, "El mundo entero es del Padre" (1901), Iglesia Evangélica Pueblo Nuevo, http://www.iglesiapueblonuevo.es /index.php?codigo=bio_babcock, consultado el 7 de julio de 2019.

Capítulo 3: Hermosa: Nuestra historia

Epígrafe: F. B. Meyer, *Paul: A Servant of Jesus Christ*, Pantianos Classics (Create Space, publicado primero en 1897), p. 23 (final del capítulo 3).

1. Katherine Hankey, "Grato es contar la historia" (1866), http://www .hymntime.com/tch/non/es/g/r/a/t/gratoesc.htm, consultado el 10 de julio de 2019.

2. Estas líneas son de un poema más largo del misionero inglés C. T. Studd (1860–1931). La totalidad de este poema de dominio público se puede ver en http://elevangeliosegunjesucristo.blogspot .com/2014/09/solo-una-vida.html, consultado el 10 de julio de 2019.

3. "Gracia inesperada, la historia de Robert y Nancy", 2015, vídeo, 16:33, publicado por Aviva Nuestros Corazones, https://www .youtube.com/watch?v=T9m-6uMBCoo.

Capítulo 4: Puedes confiar en Dios cuando tu matrimonio está en problemas

Epígrafe: Larry Crabb, *The Pressure's Off: There's a New Way to Live*, primera edición (Colorado Springs: WaterBrook, 2002), p. 76.

1. Jerry Bridges, *31 Days Toward Trusting God* (Carol Stream, IL: NavPress/Tyndale House, 2013), p. 50 (día 11).

2. Puedes ver un vídeo con el testimonio de Lorna, 2016, 8:19, publicado por Aviva Nuestros Corazones, https://www.youtube.com /watch?v=FBjFJyx_Jto.

Capítulo 5: Puedes confiar en Dios cuando anhelas un cónyuge

Epígrafe: Elisabeth Elliot, *The Path of Loneliness: Finding Your Way through the Wilderness to God* (Grand Rapids: MI: Revell, 2007), p. 32.

1. Elisabeth Elliot, *Sufrir nunca es en vano* (Nashville: B&H, 2020), p. 9.
2. Detalles biográficos recopilados de "About Elisabeth", Elisabeth Elliot (sitio web), consultado el 20 de enero de 2018, http://www .elisabethelliot.org/about.html; Sam Roberts, "Elisabeth Elliot, Tenacious Missionary in Face of Tragedy, Dies at 88", *New York Times*, 18 de junio de 2015, https://www.nytimes.com/2015/06/18/us /elisabeth-elliot-tenaciousmissionary-to-ecuador-dies-at-88.html; y otras fuentes.
3. Notarás que solo hemos seleccionado mujeres. Eso no quiere decir que los hombres no luchen a veces con un anhelo insatisfecho por casarse. Pero, en nuestra experiencia, esta es una lucha más común entre mujeres, especialmente aquellas que creen que los hombres tienen una responsabilidad dada por Dios para iniciar una relación, y que tal vez sientan que pueden hacer poco para cambiar su estado marital.
4. Nancy Leigh DeMoss, *Sea agradecido: Su camino al gozo* (Grand Rapids: Portavoz, 2010), p. 17.
5. Bethany Beal, "Single and Surviving Wedding Season", publicación de blog sobre mentiras que creen las mujeres jóvenes (sitio web), 18 de julio de 2018, http://www.liesyoungmujeresbelieve.com/single -surviving-wedding-season/?doing_wp_cron=1532100383.195858 9553833007812500.

Capítulo 6: Puedes confiar en Dios cuando tienes presiones financieras

Epígrafe: F. B. Charles, hijo, *It Happens after Prayer: Biblical Motivation for Believing Prayer* (Chicago: Moody, 2013), p. 40.

1. Arthur S. DeMoss, *God's Secret of Success* (West Palm Beach, FL: Arthur S. DeMoss Foundation, 2002, publicado originalmente en 1980), p. 4.

Capítulo 7: Redimidas: La historia de Noemí y Rut

Epígrafe: Jon Bloom, "When It Seems Like God Did You Wrong", Desiring God (sitio web), 25 de abril de 2014, https://www .desiringgod.org/articles/when-it-seems-like-god-did-you-wrong.

Capítulo 8: Puedes confiar en Dios cuando pierdes la salud

Epígrafe: Amy Carmichael, "Tender Toward Others", en *KJV Devotional Bible* (Peabody, MA: Hendrickson Bibles, 2011), p. 1486 (Hebreos 12:15).

1   Blue Letter Bible Lexicon, s.v. *skolops* (Strong's G4647), Blue Letter Bible sitio web, versión 3, https://www.blueletterbible.org/lang /lexicon/lexicon.cfm?Strongs=G4647&t=ESV.

2. Las citas en esta sección se han tomado de correos electrónicos de Colleen y se han usado con permiso.

3. Joshua Rogers, "My Baby Nephew Was Dying and His Mother's Response Was Unforgettable", Fox News, 14 de julio de 2018, http://www .foxnews.com/opinion/2018/07/14/my-baby-nephew-wasdying -and-his-mothers-response-was-unforgettable.html.

4. *Ibíd.*

5. *Ibíd.*

Capítulo 9: Puedes confiar en Dios cuando han pecado contra ti

Epígrafe: Eric Liddell, *The Disciplines of the Christian Life* (Londres: SPCK Publishing, 2009), pp. 121-22.

1. Todos los nombres en el capítulo se han cambiado, junto con detalles identificativos.

2. Santiago 4:6.

Capítulo 10: Enviado: La historia de José

Epígrafe: John Flavel, *The Mystery of Providence* (Apollo, PA: Ichthus Publications, 2014), p. 45. Publicado originalmente en 1824 bajo el título *Divine Conduct; or The Mystery of Providence*.

1. Esto se indica en Génesis 40:3-4, donde se usa el mismo título "capitán de la guardia" para referirse al encargado de la cárcel de José. Véase Herbert Carl Leupold, Exposition of Genesis: volume 1, comentario sobre Génesis 40:1-23, Bible Hub (sitio web), consultado el 23 de enero de 2019, https://biblehub.com/library/leupold /exposition_of_genesis_volume_1/chapter_xl.htm.

Capítulo 11: Puedes confiar en Dios cuando tu hijo te destroza el corazón

Epígrafe: Robert J. Morgan, *Prayers and Promises for Worried Parents: Hope for Your Prodigal. Help for You* (Nashville: Howard, 2003), pp. 1-2.

Capítulo 12: Puedes confiar en Dios cuando pierdes un ser amado

1. Thomas O. Chisolm, "Grande es tu fidelidad" (1923), Adoremos, consultado el 22 de julio de 2019, http://www.adoremos.mx/index .php/cancionero/detallescanci%C3%B3n/grande-es-tu-fidelidad.
2. George Müller, *Autobiography of George Müller, or A Million and a Half in Answer to Prayer*, comp. G. Fred. Bergin (Londres: Pickering & Inglis, 1929), p. 431.
3. George Müller, *A Narrative of Some of the Lord's Dealing with George Müller, Written by Himself, Jehovah Magnified:* Addresses by George Müller, completo y sin abreviar, volumen 2 (Muskegon, Mich.: Dust and Ashes, 2003), pp. 392-393.

Capítulo 13: Puedes confiar en Dios cuando enfrentas la muerte

Epígrafe: Timothy Keller, *Walking with God through Pain and Suffering* (Nueva York: Penguin, 2013), p. 44.

1. John Bunyan, *El progreso del peregrino*, Freeditorial, https://freeditorial .com/es/books/el-progreso-del-peregrino, consultado el 23 de julio de 2019, pp. 109-110.
2. *El Señor de los anillos: El retorno del rey* (2003), IMDb (sitio web de International Movie Database), consultado el 25 de enero de 2019, https://www.imdb.com/title/tt0167260/quotes/?tab=qt&ref_=tt _trv_qu.

3. Bunyan, *El progreso del peregrino*, p. 133.

4. Entrevista grabada con el personal del servicio religioso en Life Action Ministries/Revive Our Hearts el 14 de febrero de 2018.

Capítulo 14: Sorprendidos: La historia de José y María

Epígrafe: Francis Chan con Danae Yankoski, *Crazy Love: Overwhelmed by a Relentless God*, segunda edición (Colorado Springs: David C. Cook, 2013), p. 122.

1. Otras traducciones llaman a José "un hombre recto" (NBV), "un hombre bueno" (NTV), "un hombre bueno y obediente a la ley de Dios" (TLA).

Capítulo 15: Consumada: La historia divina

Epígrafe: Charles Haddon Spurgeon, "A Feast for Faith", sermón N.º 711, predicado el 16 de septiembre de 1866 en Metropolitan Tabernacle, The Spurgeon Center for Biblical Preaching en Midwestern Seminary (sitio web), consultado el 18 de febrero de 2019, https://www.spurgeon.org/resource-library/sermons/a-feast-for-faith#flipbook/.

1. Texto de Placide Cappeau (1847), trad. John S. Dwight, *Baptist Hymnal* (Nashville: Lifeway Reference, 2008), p. 194, reproducido en Hymnary.org, consultado el 25 de enero de 2019, https://hymnary.org/text/o_holy_night_the_stars_are_brightly_shin#autoridad_media_flexscores.

2. Glen C. Strathy, "Effective Story Endings", Cómo escribir un libro ahora (sitio web), consultado el 25 de enero de 2019, https://www.how-to-write-abook-now.com/story-endings.html.

Capítulo 16: Puedes confiar en Dios… Realmente puedes hacerlo: Tu historia

Epígrafe: Paul David Tripp, *New Morning Mercies: A Daily Gospel Devotional* (Wheaton, IL: Crossway, 2014), p. 203.

1. Taylor Beede, "Trusting God to Write Your Story", Girlfriends in God (sitio web), 27 de noviembre de 2017, http://girlfriendsingod.com/trusting-god-write-story/.

2. Steven James, "The 5 Essential Story Ingredients", columnista invitado, *Writer's Digest* (sitio web), 9 de mayo de 2014, http://www .writersdigest.com/online-editor/the-5-essential-story-ingredients.

3. *Ibíd.*

4. *Ibíd.*

5. oni Eareckson Tada, "God Permits What He Hates", transcripción del programa radial #9169, Joni & Friends (sitio web), 22 de junio de 2017, http://t.joniandfriends.org/radio/4-minute/god-permits -what/.

6. Joni Eareckson Tada, "Reflections on the 50th Anniversary of my Diving Accident", The Gospel Coalition (sitio web), 30 de julio de 2017, https://www.thegospelcoalition.org/article/reflections -on-50thanniversary-of-my-diving-accident/.

7. Joni Eareckson Tada, "God Permits What He Hates", transcripción del programa radial #9169, Joni & Friends (sitio web), 31 de enero de 2014, https://old.joniandfriends.org/radio/4-minute/god-permits -what-he-hates2/.

8. Vance Christie, "'In Time of Trouble Say' (Andrew Murray)", VanceChristie.com (blog), 29 de agosto de 2015, http:// vancechristie.com/2015/08/29/in-time-of-trouble-say-andrew -murray//.

9. *Ibíd.*

10. Warren W. Wiersbe, *Prayer, Praise and Promises: A Daily Walk through the Psalms* (Grand Rapids: Baker Books, 2011), p. 96.

11. Scotty Smith, *Every Season Prayers: Gospel-Centered Prayers for the Whole of Life* (Grand Rapids, MI: Baker Books, 2016), p. 50.

Acerca de los autores

Robert y Nancy están casados desde 2015. Algo de la historia de su noviazgo y matrimonio se cuenta en este libro.

A pesar de que cada uno ha escrito más de veinte libros, este es el primero que escriben juntos. Robert es un narrador talentoso; a Nancy le gusta desentrañar verdades bíblicas en una manera comprensible. Sus corazones y voces se han mezclado en la elaboración de esta obra.

Nancy fundó y dirige Revive Our Hearts (Aviva Nuestros Corazones), un ministerio internacional que ayuda a mujeres a experimentar libertad, plenitud y fruto en Cristo. Robert es cofundador de Wolgemuth & Associates, una agencia literaria que representa la obra escrita de más de doscientos autores cristianos.

Robert tiene dos hijas adultas, dos yernos, cinco nietos y un nieto político. Aunque Nancy no tiene descendencia biológica, sus hijos espirituales y relacionales son muchos. Robert descubrió esto cuando se casó con ella.

Aunque viajan bastante, el lugar favorito de Nancy y Robert es su casa en Michigan.

PRÓLOGO POR PATRICK MORLEY

MENTIRAS QUE LOS HOMBRES CREEN

Y LA VERDAD QUE LOS HACE LIBRES

ROBERT WOLGEMUTH

Como un cazador experimentado, nuestro enemigo usa mentiras para atraparnos. Cada mentira que creemos nos hace sentir dolor, perder o herir las relaciones, y perdernos la vida abundante que Dios quiere que tengamos. *Mentiras que los hombres creen* expone las mentiras que los hombres creen comúnmente, y nos muestra cómo combatir esas mentiras con la verdad.

VERSIÓN REVISADA Y AMPLIADA

MENTIRAS QUE LAS *Mujeres* CREEN

Y LA VERDAD QUE LAS HACE LIBRES

NANCY DeMOSS WOLGEMUTH

Desde su primer lanzamiento en 2001, *Mentiras que las mujeres creen* ha vendido más de un millón de ejemplares, y ha sido traducido a veintiséis idiomas. Miles de cartas y correos electrónicos dan fe de la transformación profunda y duradera que este libro ha producido en la vida de las mujeres alrededor del mundo.

En esta edición actualizada y aumentada, Nancy DeMoss Wolgemuth comunica este mensaje liberador a una nueva generación. *Mentiras que las mujeres creen* presenta cuarenta y cinco mentiras que las mujeres cristianas creen con mayor frecuencia; mentiras acerca de Dios, ellas mismas, las prioridades, las emociones, el matrimonio y la maternidad, entre otras. El libro ofrece el único medio para confrontar, contrarrestar y vencer el engaño: la verdad de Dios.

EL LUGAR MÁS IMPORTANTE DE LA TIERRA

CÓMO ES Y CÓMO SE EDIFICA UN HOGAR CRISTIANO

• • • • •

ROBERT WOLGEMUTH

Prólogo por Nancy DeMoss Wolgemuth

Muchas personas no crecieron en un hogar cristiano, y muchas más no consideran que su infancia representa un buen modelo para otros. *El lugar más importante de la tierra* presenta ocho respuestas a la pregunta: ¿Cómo es un hogar cristiano? El libro está repleto de historias e ideas provechosas, y cualquier lector quedará convencido de que un hogar cristiano no es un estereotipo elusivo. Es algo que realmente se puede lograr y vale la pena tener.

NANCY DeMOSS WOLGEMUTH

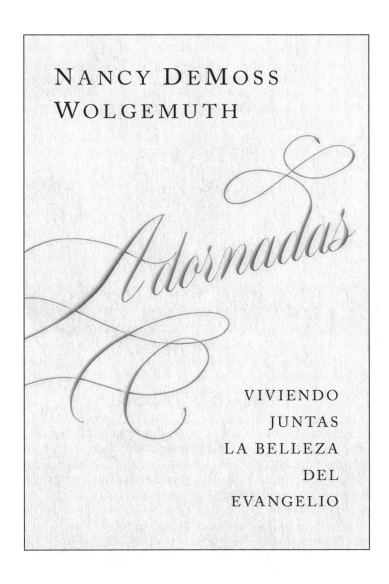

Adornadas

VIVIENDO

JUNTAS

LA BELLEZA

DEL

EVANGELIO

El modelo de Tito 2 de que las mujeres mayores vivan el evangelio junto a las más jóvenes es vital para que todas podamos crecer. Es de fortaleza mutua, glorifica a Dios y hace que Su verdad sea creíble para nuestro mundo. Esto es comunidad cristiana como Dios la diseñó.

EDITORIAL
PORTAVOZ

NUESTRA VISIÓN

Maximizar el efecto de recursos cristianos de calidad que transforman vidas.

NUESTRA MISIÓN

Desarrollar y distribuir productos de calidad —con integridad y excelencia—, desde una perspectiva bíblica y confiable, que animen a las personas a conocer y servir a Jesucristo.

NUESTROS VALORES

Nuestros valores se encuentran fundamentados en la Biblia, fuente de toda verdad para hoy y para siempre. Nosotros ponemos en práctica estas verdades bíblicas como fundamento para las decisiones, normas y productos de nuestra compañía.

Valoramos la excelencia y la calidad.
Valoramos la integridad y la confianza.
Valoramos el mérito y la dignidad de los individuos y las relaciones.
Valoramos el servicio.
Valoramos la administración de los recursos.

Para más información acerca de nuestra editorial y los productos que publicamos visite nuestra página en la red: www.portavoz.com.